杭州优秀传统文化丛书

Hangzhou Youxiu Chuantong Wenhua Congshu

地有湖山美

高璟——著

杭州出版社

图书在版编目（CIP）数据

地有湖山美 / 高璟著 . —— 杭州：杭州出版社，
2021.12

（杭州优秀传统文化丛书）

ISBN 978-7-5565-1586-8

Ⅰ.①地… Ⅱ.①高… Ⅲ.①山—介绍—杭州 Ⅳ.
① K928.3

中国版本图书馆 CIP 数据核字（2021）第 220032 号

Di You Hushan Mei

地有湖山美

高　璟　著

责任编辑	胡　清
文字编辑	王妍丹
装帧设计	祁睿一
美术编辑	章雨洁
责任校对	陈铭杰
责任印务	姚　霖
出版发行	杭州出版社（杭州市西湖文化广场32号6楼）
	电话：0571-87997719　邮编：310014
	网址：www.hzcbs.com
排　版	浙江时代出版服务有限公司
印　刷	天津画中画印刷有限公司
经　销	新华书店
开　本	710 mm × 1000 mm　1/16
印　张	13
字　数	160千
版印次	2021年12月第1版　2021年12月第1次印刷
书　号	ISBN 978-7-5565-1586-8
定　价	58.00元

序 言

文化是城市最高和最终的价值

我们所居住的城市，不仅是人类文明的成果，也是人们日常生活的家园。各个时期的文化遗产像一部部史书，记录着城市的沧桑岁月。唯有保留下这些具有特殊意义的文化遗产，才能使我们今后的文化创造具有不间断的基础支撑，也才能使我们今天和未来的生活更美好。

对于中华文明的认知，我们还处在一个不断提升认识的过程中。

过去，人们把中华文化理解成"黄河文化""黄土地文化"。随着考古新发现和学界对中华文明起源研究的深入，人们发现，除了黄河文化之外，长江文化也是中华文化的重要源头。杭州是中国七大古都之一，也是七大古都中最南方的历史文化名城。杭州历时四年，出版一套"杭州优秀传统文化丛书"，挖掘和传播位于长江流域、中国最南方的古都文化经典，这是弘扬中华优秀传统文化的善举。通过图书这一载体，人们能够静静地品味古代流传下来的丰富文化，完善自己对山水、遗迹、书画、辞章、工艺、风俗、名人等文化类型的认知。读过相关的书后，再走进博物馆或观赏文化景观，看到的历史遗存，将是另一番面貌。

过去一直有人在质疑，中国只有三千年文明，何谈五千年文明史？事实上，我们的考古学家和历史学者一直在努力，不断发掘的有如满天星斗般的考古成果，实证了五千年文明。从东北的辽河流域到黄河、长江流域，特别是杭州良渚古城遗址以4300—5300年的历史，以夯土高台、合围城墙以及规模宏大的水利工程等史前遗迹的发现，系统实证了古国的概念和文明的诞生，使世人确信：这里是古代国家的起源，是重要的文明发祥地。我以前从来不发微博，发的第一篇微博，就是关于良渚古城遗址的内容，喜获很高的关注度。

我一直关注各地对文化遗产的保护情况。第一次去良渚遗址时，当时正在开展考古遗址保护规划的制订，遇到的最大难题是遗址区域内有很多乡镇企业和临时建筑，环境保护问题十分突出。后来再去良渚遗址，让我感到一次次震撼：那些"压"在遗址上面的单位和建筑物相继被迁移和清理，良渚遗址成为一座国家级考古遗址公园，成为让参观者流连忘返的地方，把深埋在地下的考古遗址用生动形象的"语言"展示出来，成为让普通观众能够看懂、让青少年学生也能喜欢上的中华文明圣地。当年杭州提出西湖申报世界文化遗产时，我认为是一项需要付出极大努力才能完成的任务。西湖位于蓬勃发展的大城市核心区域，西湖的特色是"三面云山一面城"，三面云山内不能出现任何侵害西湖文化景观的新建筑，做得到吗？十年申遗路，杭州市付出了极大的努力，今天无论是漫步苏堤、白堤，还是荡舟西湖里，都看不到任何一座不和谐的建筑，杭州做到了，西湖成功了。伴随着西湖申报世界文化遗产，杭州城市发展也坚定不移地从"西湖时代"迈向了"钱塘江时代"，气势磅礴地建起了杭州新城。

从文化景观到历史街区，从文物古迹到地方民居，众多文化遗产都是形成一座城市记忆的历史物证，也是一座城市文化价值的体现。杭州为了把地方传统文化这个大概念，变成一个社会民众易于掌握的清晰认识，将这套丛书概括为城史文化、山水文化、遗迹文化、辞章文化、艺术文化、工艺文化、风俗文化、起居文化、名人文化和思想文化十个系列。尽管这种概括还有可以探讨的地方，但也可以看作是一种务实之举，使市民百姓对地域文化的理解，有一个清晰完整、好读好记的载体。

传统文化和文化传统不是一个概念。传统文化背后蕴含的那些精神价值，才是文化传统。文化传统需要经过学者的研究提炼，将具有传承意义的传统文化提炼成文化传统。杭州在对丛书作者写作作了种种古为今用、古今观照的探讨交流的同时，还专门增加了"思想文化系列"，从杭州古代的商业理念、中医思想、教育观念、科技精神等方面，集中挖掘提炼产生于杭州古城历史中灵魂性的文化精粹。这样的安排，是对传统文化内容把握和传播方式的理性思考。

继承传统文化，有一个继承什么和怎样继承的问题。传统文化是百年乃至千年以前的历史遗存，这些遗存的价值，有的已经被现代社会抛弃，也有的需要在新的历史条件下适当转化，唯有把传统文化中这些永恒的基本价值继承下来，才能构成当代社会的文化基石和精神营养。这套丛书定位在"优秀传统文化"上，显然是注意到了这个问题的重要性。在尊重作者写作风格、梳理和讲好"杭州故事"的同时，通过系列专家组、文艺评论组、综合评审组和编辑部、编委会多层面研读，和作者虚心交流，努力去粗取精，古为今用，这种对文化建设工作的敬畏和温情，值得推崇。

人民群众才是传统文化的真正主人。百年以来，中华传统文化受到过几次大的冲击。弘扬优秀传统文化，需要文化人士投身其中，但唯有让大众乐于接受传统文化，文化人士的所有努力才有最终价值。有人说我爱讲"段子"，其实我是在讲故事，希望用生动的语言争取听众。今天我们更重要的使命，是把历史文化前世今生的故事讲给大家听，告诉人们古代文化与现实生活的关系。这套丛书为了达到"轻阅读、易传播"的效果，一改以文史专家为主作为写作团队的习惯做法，邀请省内外作家担任主创团队，组织文史专家、文艺评论家协助把关建言，用历史故事带出传统文化，以细腻的对话和情节蕴含文化传统，辅以音视频等其他传播方式，不失为让传统文化走进千家万户的有益尝试。

中华文化是建立于不同区域文化特质基础之上的。作为中国的文化古都，杭州文化传统中有很多中华文化的典型特征，例如，中国人的自然观主张"天人合一"，相信"人与天地万物为一体"。在古代杭州老百姓的认知里，由于生活在自然天成的山水美景中，由于风调雨顺带来了富庶江南，勤于劳作又使杭州人得以"有闲"，人们较早对自然生态有了独特的敬畏和珍爱的态度。他们爱惜自然之力，善于农作物轮作，注意让生产资料休养生息；珍惜生态之力，精于探索自然天成的生活方式，在烹饪、茶饮、中医、养生等方面做到了天人相通；怜惜劳作之力，长于边劳动，边休闲娱乐和进行民俗、艺术创作，做到生产和生活的和谐统一。如果说"天人合一"是古代思想家们的哲学信仰，那么"亲近山水，讲求品赏"，应该是古代杭州人的生动实践，并成为影响后世的生活理念。

再如，中华文化的另一个特点是不远征、不排外，这体现了它的包容性。儒学对佛学的包容态度也说明了这一点，对来自远方的思想能够宽容接纳。在我们国家的东西南北甚至是偏远地区，老百姓的好客和包容也司空见惯，对异风异俗有一种欣赏的态度。杭州自古以来气候温润、山水秀美的自然条件，以及交通便利、商贾云集的经济优势，使其成为一个人口流动频繁的城市。历史上经历的"永嘉之乱，衣冠南渡"，"安史之乱，流民南移"，特别是"靖康之变，宋廷南迁"，这三次北方人口大迁移，使杭州人对外来文化的包容度较高。自古以来，吴越文化、南宋文化和北方移民文化的浸润，特别是唐宋以后各地商人、各大商帮在杭州的聚集和活动，给杭州商业文化的发展提供了丰富营养，使杭州人既留恋杭州的好山好水，又能用一种相对超脱的眼光，关注和包容家乡之外的社会万象。这种古都文化，也代表了中华文化的包容性特征。

城市文化保护与城市对外开放并不矛盾，反而相辅相成。古今中外的城市，凡是能够吸引人们关注的，都得益于与其他文化的碰撞和交流。现代城市要在对外交往的发展中，进行长期和持久的文化再造，并在再造中创造新的文化。杭州这套丛书，在尽数杭州各色传统文化经典时，有心安排了"古代杭州与国内城市的交往""古代杭州和国外城市的交往"两个选题，一个自古开放的城市形象，就在其中。

　　"杭州优秀传统文化丛书"在传统和现代的结合上，想了很多办法，做了很多努力，他们知道传统文化丛书要得到广大读者接受，不是件简单的事。我们已经走在现代化的路上，传统和现代的融合，不容易做好，需要扎扎实实地做，也需要非凡的创造力。因为，文化是城市功能的最高价值，也是城市功能的最终价值。从"功能城市"走向"文化城市"，就是这种质的飞跃的核心理念与终极目标。

2020 年 9 月

（单霁翔，中国文物学会会长）

竹素园诗意卷（局部）

目 录

杭
州
风
景
H A N G
Z H O U

引
言

西湖山水，天下为冠

——为博母亲欢心，他竟在北京西郊克隆出了一园西湖美景

　　清乾隆十四年（1749）十月，北方已进入万物萧条的冬日，紫禁城内的皇帝连降两道谕旨，主题只有一个，那就是拟于两年之后巡幸江南。南巡原因有四：一曰应江浙官民之殷切恭请；二曰踏着其祖父康熙帝的光辉足迹循例南巡；三曰考察民情戎政，问民疾苦；四曰供奉母后游览江南名胜，以尽孝心。

　　这位皇太后钮祜禄氏，在一些有关清史的影视剧中常常露面，其中最著名的，恐怕要数电视连续剧《甄嬛传》中女演员孙俪的演绎，她扮演的熹贵妃眼神犀利、回首一瞥的经典场景，成了不少网友喜欢使用的表情包。此熹贵妃的原型正是乾隆的母亲崇庆皇太后。从史料中可以得知，这娘儿俩，堪称古代帝王家庭中母慈子孝的典范。基于对儒家治国理念中"孝道"的遵循与示范，在南巡这么重大的决策中，乾隆理直气壮地跟文武百官声明，这次需要筹备一年多的高端定制游，其一主要是为了博得母后大人的欢心。

　　既然是公认的"孝子皇帝"，乾隆所做的尽孝之举可谓层出不穷。皇太后钮祜禄氏年寿八十有六，给了乾隆足够的时间晨昏定省、承欢膝下。亲自在母后寿筵前

斑衣戏彩的娱亲之举是入门级表现，耗资白银十万两组织豪华祝寿团只是"小儿科"，邀请各地方剧种进京为母后会演也属常规性操作，曾三十一次带着皇太后出巡才是这个古代帝王创下的骄人纪录。你以为他只会带上三宫六院如花美眷，没料到，他却先想着一定要带上拉扯自己成人并助自己登上皇位的老娘。不过，细数乾隆在生命不息、孝母不怠的道路上的最大一笔开支，或许应该算是他下令为母亲营建的养老别墅——清漪园。

同样是在乾隆十四年（1749）的早些时候，乾隆下旨开始着手整治北京西山一带的水系。"西海受水地，岁久颇泥淤。疏浚命将作，内帑出余储。乘冬农务暇，受值利贫夫……"乾隆在他后一年（1750）的诗作里一五一十地记录下了这次疏浚工程的前因后果。然而，当时的众臣民可能都没有料到，除了灌溉、漕运、水利以及军事的需要，乾隆还藏着自己的小打算——在北方内陆干旱型城市营建大规模的水利工程，不捎带搞出个5A级的风景名胜，怎么能对得起他身上那张文艺男青年的华丽标签？为了让这个水利工程兼具美学功用，他可是冒了被众朝臣上书谏阻的风险的。因为就在不久之前，包括圆明园在内的另外几处皇家园林竣工后，乾隆皇帝已明确表示，再不会破费国库银钱来进行城市园林建设了。但不久之后，他就变卦了。为了让城西水系和几大园林融为一体，乾隆皇帝心里正在勾画一个蓝图，但具体细节究竟如何，他要么是不想过早地透露口风，要么是还没完全想好。但南巡的计划提上日程后，实地走访江南，借鉴江南风光及园林景致为皇家所用的想法，应该已在乾隆的心中渐渐成形。

乾隆可能是个喜欢在出门前做足攻略的职业驴友，乾隆十五年（1750），南巡的各项筹备工作正如火如荼地开展，乾隆派出了他最信任的宫廷画师董邦达先期造

〔清〕董邦达《西湖十景图卷》（局部）

访杭州，希望他把杭州的美景先踏勘一番，再画好带回来。

　　董邦达果然不负圣望，带回了精心绘制的《西湖十景图卷》，让乾隆心心念念的西湖，终于能先睹为快。在这幅图卷上，乾隆亲笔题写长诗一首，将命制此图的前因后果详细地交代了一番，诗中不仅表达了对西湖美景的一番激赏，更重要的是表达了他对一览西湖的迫切心情：

昔传西湖比西子，但闻其名知其美，
夷光千古以上人，岂有真容遗后世。
未见颜色贵耳食，浪以湖山相比拟，
湖山有知应不受，髯翁何以答吾语。
吁嗟吾因感世道，臧否雌黄率如此，
岂如即景写西湖，图绘真形匪近似。
岁维二月巡燕晋，留京结撰亲承旨，
归来长卷已构成，俨置余杭在棐几。
十景东西斗奇列，两峰南北争雄峙，
晴光雨色无不宜，推敲好句难穷是。
淀池水富惜无山，田盘山好诎于水，
喜其便近每命游，具美明湖辄退企。
北门学士家临安，少长六一烟霞里，
既得其秀忘其筌，呼吸湖山传神髓。

此图岂独五合妙，绝妙真教拔萃矣，

明年春月驻翠华，亲印证之究所以。

这一年，南巡筹备工作虽未妥当，但清漪园的疏浚工程刚刚告一段落。正逢迎接皇太后六十寿诞，名字老土的瓮山被乾隆改名万寿山，山下的湖泊也被正式命名为昆明湖，延寿寺初具规模，乐寿堂、玉澜堂、文昌阁三大主体工程也基本竣工。作为向母后寿辰献礼的工程之一，乾隆命能工巧匠从万寿山南麓到昆明湖北岸赶修了一条蜿蜒曲折的艺术长廊，长廊全长七百二十八米，廊中共有彩绘一万四千多幅，其中有关于杭州西湖风光的就达五百四十六幅。

漫步长廊，精美的彩绘仰首可观。那天，清漪园作为乾隆送给母亲的一份惊喜生日礼物，第一次呈现于崇庆皇太后眼前。乾隆奉母穿廊迤逦前行，这彩绘除了让母子二人颈椎有点酸爽，也一定会毫不意外地勾起他们共同的"思江南病"。

乾隆十六年（1751），乾隆那声势浩大、靡费资财的江南初巡终于成行。当乾隆终于来到杭州，吹着西湖的熏风时，他展开随身携带的《西湖十景图卷》，心中感慨万千，不禁发出了看图景不如看实景的人生感悟：

向见西湖图，约略观山水。
今见西湖图，曲折可详指。
由来贵亲历，了然胜遥揣。
不独绘事然，吾因悟治理。

　　总之，董邦达的活儿干得漂亮。此后，乾隆数次南巡，董邦达均随行"跟拍"，每次南巡归来都要以绘画的形式总结皇帝的行程，并留好空白处以备皇帝诗兴大发时题上一首。西湖美景让皇帝流连忘返，自然这风景也成了董邦达的重要表现对象，西湖的美不胜收让皇帝每次来了都不想走，于是每次都盘桓颇久，因而董邦达也顺理成章成了历史上留下最多西湖画作的宫廷画师。

　　在此后的十余年间，乾隆奉亲出巡，又三赴江南。在数度"巡杭"的过程中，乾隆母子完成了对西湖的深度游，也更加激起了乾隆在北京西山脚下再造一个西湖的热情。毕竟画师在纸上画得再像，也不如近在眼前的实景可触可感啊！

　　夸张一点说，这十几年里，乾隆皇帝不是去往江南观景，就是在思念江南的日子里造景。所以，北京西山的清漪园也在他的重点关注下渐渐脱胎换骨，清秀动人，皇家气度与江南风韵完美地合二为一，直至成为当今享誉海内外的中国皇家园林。

　　说了半天清漪园，可能大家对这个名字还有点陌生，其实它就是后来大家熟知的颐和园。清咸丰十年（1860），英法联军侵华，历经战火和劫掠的清漪园变得一片破败凋零，直到二十多年后的清光绪十四年（1888），才终于得到一次修整的机会，正是这次翻修竣工后，它才被当时的皇太后慈禧正式更名为颐和园。

湛净空潭印
满轮今明三
塔是三乡禅
宗漫许涤公
案万却偃景
祝堕因
右题三潭印月
漫笔

〔清〕董邦达《三潭印月》

直到今天，许多"老北京人"依旧喜欢在节假日里前往颐和园游玩散心，而从祖国四面八方慕名而来的游客们更可能会被园中的青山绿水所惊艳——但是，或许也有例外吧，比如，游客恰好是个杭州人。倘若是一个在西湖边长大的杭州人，初入颐和园时八成会有一种恍惚感，北山南水，六桥连堤，湖水荡漾，楼阁掩映，春日里有柳拂长堤，夏至时有荷风阵阵，冬天雪后还有一片清寂与空旷……这，不就是翻版的西湖吗？

没错，事实正是如此。毫无疑问，乾隆和母亲都酷爱江南景致，他们虽身居北方皇城，却无时无刻不在惦记着江南的小桥流水和草长莺飞，尤其是杭州西湖，简直是无一日不入梦啊！与其一次次千里迢迢地前往，回来后流连于一幅幅江南风景画前，不如借景入京，就地造景。因此，清漪园的修建设计方案，不遗余力地完成了乾隆对江南山水自然风光和园林艺术之美的再造与再现。

遥想当年，乾隆母子在数度南巡中对北京清漪园的设计自然会有更多具体的指示。于是，清漪园在不断塑形整容后，越来越像杭州的西湖。清漪园的营建共历时十五年，到乾隆二十九年（1764）才算竣工，先后动用白银四百四十八万两。有网友称，清漪园时期是颐和园作为皇家园林的顶峰阶段，和许多诞生于盛世的经典一样，清漪园底蕴十足，一气呵成，在水利、漕运、军事、造园各方面都颇有功效。当然，在此我们不能忽视一个事实，那就是先有杭州西湖作为江南山水景观的顶峰，才有了这个清代皇家园林的顶峰。没有杭州西湖的出色示范，就不会有昆明湖高明的复制粘贴。

有心人曾比对过杭州西湖和昆明湖的地图。大到山水格局、堤岛分布，小到廊亭彩绘、花木点缀，清漪园无处不体现着从杭州西湖移植而来的山水景观园林美学特质。

先说格局。北京清漪园为北山（万寿山）南湖（昆明湖），西面是西山诸峰，与西湖格局有相似之处，这是仿建西湖的底子，基础格局相似，才便于实施接下来的一系列改造提升工程。不过此处虽有山有水，但西山山体比较低矮，也不够延展；水呢，呈东南斜向的狭长形状，山与水的关系有些疏离。怎么改造呢？乾隆下旨将湖山整治工程与治水工程相结合。首先将湖面向东、向北大大扩展，一直抵达万寿山的南坡；然后将挖出来的土方堆在山的东半部，这在很大程度上改善了山的形状。经过此番改动，昆明湖湖面更加辽阔，万寿山更加壮伟。想出这个办法的一定不是身为甲方老板的乾隆皇帝，更可能是承建方的众多景观园林设计专家，这其中，肯定少不了从江南征调来的能工巧匠。可惜正史中没有记载这些劳动人民的姓名，只能依靠我们的合理推想了。

再看昆明湖的西侧，有一道几乎与西湖苏堤一模一样的西堤，也把湖面划分成"里湖"和"外湖"，而且又加了一道支堤，进一步把外湖分为两个部分。这样，昆明湖就和杭州西湖一样，变成有内外几层的"重湖"了。有了堤，不用乘船，人和水就能更加亲近，再加上仿照西湖苏堤六桥建的六座风格多样、姿态各异的石桥，更使得昆明湖移步易景，柳暗花明。此外，西堤还仿照苏堤在沿岸植柳种草，让线条疏朗的北方四季有了更多极具江南味道的婀娜与生动。

除了挖湖筑堤，清漪园还仿照杭州西湖中堤岛结合的格局，采取挖湖堆山的办法，构造了今天所见的三个大岛和两个小岛。

苏堤晨曦

在中国传统风水学说里，山要有蜿蜒起伏之曲，水要有流连忘返之曲，路要有柳暗花明之曲，桥要有拱券之曲，廊要有回肠之曲。这种思想既引领了中国园林文化的方向，也传达了中国传统文化的要义。乾隆或许在数度游赏西湖的过程中悟得此道，进而在清漪园中完成了一次华丽的实操。

最后还想再说说清漪园中的地标建筑佛香阁，它高近四十米，建于万寿山前巨大的石质台基之上，是个八面三层四重檐的建筑。在最初的建筑图样上，这儿本来是要修一座杭州六和塔样式的九层塔的。从有关史料记载中，我们能够得知，乾隆极其喜欢六和塔，南巡时曾两度登临，又是撰文，又是题匾，估计这要是件可移动文物，早就让乾隆带回京城去啦！当然，为了表达对这个不可移动文物的热爱，乾隆命人在清漪园内设计了与之样式相仿的九层塔，连名字都想好了，以为母亲祈福的名义，取名叫延寿塔。可令人不解的是，在修到第八层时，此塔居然被"奉旨停修"了！原因至今众说纷纭，流传最广的一种说法是，万寿山下隐藏着一座前朝某妃嫔的陵寝，此次工程不小心惊动了"亡灵"。乾隆听闻，恐招来灾祸，赶忙请教精通风水的专家以破解之法，并据专家意见紧急修改了施工方案，这才有了如今我们所见的三层式佛香阁。

从杭州到北京，借由清帝乾隆的江南出巡，中国山水文化得到了极为成功的发扬光大，而当我们将视线重新回归山环水抱的杭州西湖时，可能才会更加深入地领略到她冠绝天下的风采和深入骨髓的优雅。

明人朱国桢曾在一篇名为《黄山人小传》的文章中这样写道：

> 苏州黄勉之省曾，风流儒雅，卓越罕群。嘉靖十七年当试春官，适田汝成过吴门，与谈西湖之胜。便辍装不果北上，来游西湖，盘桓累月……

这段话用今天的话说就是，明嘉靖年间（1522—1566），苏州有个叫黄勉之的文人，本性风流儒雅，品位和一般人不一样。他本是要赴京赶考的，但他听了从杭州来的田汝成谈到西湖的美景后，决定马上前往杭州一睹西湖的芳容，谁知道他在西湖边一住就是月余，早把赶考的事情抛到九霄云外去了。在各种古代戏剧故事和文学作品中，只听说有因贪恋佳人美色而误了应试的举子，但因为贪恋美景而决定放弃前程的，恐怕就只有这位黄姓老兄吧。

细读朱国桢的这则短文，初看是在写田汝成和黄勉之两人的交游，再看是写黄勉之一心属意山水、不慕仕途显达的脱俗性情。但是如果换个角度再品，这不就是朱国桢给西湖写的旅游宣传文案吗？知名作家田汝成和旅行达人黄勉之，合力为西湖做了一回形象代言，只那么寥寥五十言，就达到了极佳的宣传效果。

关于西湖的魅力，也许一千个人会给出一千种答案。的确，西湖的水美，西湖周边的山也美，这样妩媚多姿的青山和这样碧波荡漾的湖水，在无尽岁月里相依相伴，温柔守望，渐渐如春草般葳蕤，生长出了一段段独属于这片江南灵秀之地的千古佳话。接下来，就让我们一同启程，悠游西湖，去一一寻觅那些散落在山水林草间的西湖往事吧！

第一章

西湖变迁

天下西湖三十六，就中最美是杭州

——从江水倒灌的水患，到城市景观的湖泊，西湖的华丽蜕变是一场历经千年的接力赛

"天下西湖三十六，就中最美是杭州。"这句诗现已无法考证是从哪一位对杭州西湖情有独钟的才子口中吟出的，但清人陆以湉曾在《冷庐杂识》中明确称赞"天下西湖三十有六，惟杭州最著"，这至少表明了清朝时人的一种审美观点。回望杭州西湖发展史，它独特的秀美风神，不仅源于自然天成，也归功于那些珍惜这份美、成就这份美的人们。那么，关于西湖的沧桑变迁，又留下了哪些流传久远的历史与传奇？

人们喜欢用"沧海桑田"这个词来概括世事的剧变，而西湖也经历了这样一段从无到有的历史。据专家考证，西湖一带原本是一个浅海湾，除个别山岭外，其余全部淹没在海水之中。随着海水的冲刷，海湾四周的岩石逐渐变成泥沙并沉积下来，使海湾变浅，同时，江水也带来了大量泥沙，在入海口沉积。结果，这里的泥沙越积越多，最终将海水截断，而困在内陆的海水就形成了一个湖。这种现象在地质学上被称为"潟湖"。

或许正因为有了这个湖，才渐渐积聚起了人气。到了秦初，天下开始实行郡县制，三十六郡之一的会稽郡下辖二十四县，钱唐县即为其中之一，其地理位置正是

在今天的西湖附近，钱唐（即今天的杭州）就此开始了它的城市发展史。

但是，单纯的"潟湖说"在1950年以后的地质勘探中被专家质疑，人们通过对西湖地区进行地质钻孔取样分析，推测出在距今一亿五千万年的侏罗纪晚期，此地曾发生过一次强烈的火山喷发（如今西湖北岸宝石山上呈赭红色的火成岩就是明证之一），出现了火山口陷落，造成了马蹄形的核心低洼积水区，这极有可能就是西湖的雏形。

以上这两种说法都有一定道理，或者兼而有之也未可知。

百年前的西湖

西湖，从一个大海湾，演化成一个潟湖，再到淡水湖，为人类临湖而居提供了可能。同时，它与周围群山的浑然一体、相得益彰，使得它有了向景观湖泊发展的先天条件。翻开史书，这个湖泊的身影愈渐频繁。东汉班固《汉书》卷二十八《地理志》记载："武林山，武林水所出。东入海，行八百三十里。"人们通常认为，"武林水"就是西湖正式见于记载的最初名称。后来它又先后被改称为钱水、钱湖、明圣湖、金牛湖、钱源、钱塘湖等。

至于"西湖"的得名，多半是由于隋朝时期钱唐县城的一次迁建。县城原本位于西湖之西，后来因数次行政区划的置废，最终迁至西湖之东。经过这次迁建，本来的城东之湖就顺理成章变成了城西之湖。此后，至迟在唐代，"西湖"这个称呼已经被频繁使用了。在唐人白居易的诗文中，西湖有时被称作"钱塘湖"，如诗题《钱塘湖春行》，而有时也被称作"西湖"，如诗题《西湖晚归回望孤山寺赠诸客》《西湖留别》等等。

而到了北宋，官方文件中开始出现了"西湖"的称谓，在各名家的诗文集中也用"西湖"替代了"钱塘湖"。

以上是对西湖名称流变的一个简单考证，而作为一个非常容易被汹涌的潮水倒灌的湖泊，和一个经常被葑草莲泥"霸占"的水域，西湖是经历了无数个由淤而浚的反复循环之后才得以保留至今的。那么，在它的进与退、废与治的历史进程中，出现过哪些关键性人物呢？

东汉年间，钱唐县里有个叫华信的人，他本是当地大户，为防止潮涌侵毁他家的农田，便公开召集劳工挑沙石筑堤坝，"始开募有能致一斛土者，即与钱一千。旬月之间，来者云集"。然而，等应召而来的劳工们全面开工后，却发生了"塘未成而不复取"的欠薪事件，可能后来没拿到工钱的劳工们皆带着不满四散而去，但沙石已经挑来了，最终"塘以之成"。华信的失信行为极不可取，但不可否认的是，这条堤塘筑成后有力地保护了钱唐县的安全，西湖也由此逐渐和钱塘江断绝联系，慢慢演变成了淡水湖。据说"华信筑塘"的故事最初是南朝时钱唐县令刘道真主持编撰的《钱唐记》中的记载，可惜此地方志现已失传，研究者们只能在后世其他作品的反复转引中偶尔能看到其中的只言片语，上面这段故事正是从北魏郦道元《水经注·卷四十》的转引中找到的。故这则故事的真实性难免因此降低，而且人们也在质疑东汉时期的工程技术是否已足以拦得住来势汹汹的海水，况且华信当年筑塘的原址在何处，至今仍然众说纷纭。不过，"华信筑塘"的传说却一直流传了下来，成为西湖早期发展史中的一个典故。

第一位有据可考的被记入西湖发展史的重要人物应该是唐代杭州刺史李泌。李泌（722—789），字长源，祖籍辽东郡襄平县（今辽宁辽阳），生于京兆府（今陕西西安），唐朝中期政治家、谋臣、学者。可惜，在2019年上映的古装电视连续剧《长安十二时辰》播映之前，这位杭州历史上的能臣似乎并不太为人所熟知。

唐建中二年（781）一个闷热的夏日午后，位于钱塘县的杭州州衙内，刚刚由湖南调任杭州的刺史大人李泌正在后衙的窗前批阅公文，只见他愁眉紧锁，不知正为何事烦忧，忽听耳边一声霹雳，大雨即刻铺天盖地。李泌揉揉双目，站起身来准备关窗，却见院内的下人们在雨中忙作一团。他喊来一位一问，才知道原来是去钱塘湖运水的水车刚刚进门，不料大雨突至，路面湿滑，水车便侧翻在了院内。

"院内有井，为何还要去运湖水？"

"回禀使君，您有所不知，因此地濒临海湾，井水本就咸苦，再加上海水经常倒灌，更加不堪饮用。"

"哦？怪不得街上店铺零落，人烟稀疏。"

"是啊，许多人家都从城内搬到城外湖边居住，这样省了日日取水的麻烦。还有的人家呀，干脆搬到了西山山脚一带，那里有的是山泉水。"老仆道出了实情。

"适才批阅一则公文，也提到杭州城的赋税这些年不增反减，原来是人口流散，买卖不兴，根本的症结居然是在一个'水'字。"李泌若有所思地捻了捻泛白的胡须。

接下来的半个多月里，李泌轻车简从，在杭州城内外四处踏勘，他一面走访民众，一面绘图标记。晚上，回到州衙，他还要对着杭州城的地形图和下属们研究商讨引水方案。很快，在群策群力之下，一个解决杭州城饮水问题的方案就诞生了。

秋风初起时，杭州州衙外贴出了官府告示，因开渠引水，需向全城征募壮年劳力挖渠凿井。此告示一出，应者纷纷。大家都说，新来的刺史体察民情，有胆有识，百姓们有福了。

这个民心所向的饮水解困工程很快开工，李泌天天奔走在各个工地上，一向喜欢洁净的他，脚下的官靴上常常沾满污泥，他也无暇顾及。不久，分布在城内人口聚集处的六个蓄水池修成，它们被称作方井、小方井、白龟井、金牛池、西井和相国井。与此同时，工人们在西湖东侧湖底开挖疏浚了几个入水口，有的还装上水闸，一条条深沟内，埋设了筒管作为涵洞，联通起了钱塘湖的水闸和六井。城内的百姓终于在家门口就能喝上干净的西湖水了!

李泌是史上第一个把西湖水引进杭州城内的人,他所创制的暗渠引水、六井供水,成了杭州最早的给水系统工程。自此,六井周围,人烟日渐稠密,不少迁出城外的人家也纷纷迁回城内,杭州的城市发展进入了新的历史阶段,杭州城的人气也因为这六眼甘甜的井水逐渐旺了起来!

李泌虽在杭任职短短两年,却在杭州的市政发展史上留下了精彩的一页。

杭州是幸运的,时隔四十余年的唐长庆时期,又一位刺史走马到任杭州,他就是大名鼎鼎的白居易。那是在唐长庆二年(822)的十月,已过天命之年的白居易到

李泌开六井(引自《西湖佳话古今遗迹·白堤政迹》)

任杭州。少年时代的白居易跟随在浙为官多年的父亲白季庚，"时旅居苏、杭二州"，直到十八岁才赴长安正式登上那个时代的大舞台。此时，归来已不是少年的他，历经几番人世冷暖与宦海浮沉，豁达而从容，准备在他自小钟爱的杭州城度过余年。当他与这灵秀钱塘湖重逢时，昔日熟悉的湖光山色依旧让白居易沉醉不已，而他也以勤奋的工作来回报它，以精彩的篇章来书写它，这座城，也因他书写的两百多篇相关诗作而声名鹊起。

　　白居易在杭州的政绩颇多，但其中最为人称道的是疏通六井和修筑湖堤。他首先疏通了城内已投入使用四十年而日渐老化的六井，并将输水管道中容易破烂的竹筒换成了瓦管，其次便是疏浚西湖。白居易来杭州后，见钱塘湖湖水干涸，原本应该碧波荡漾的水面成了大片肥沃的私田，他一问才知，这些私田已成为一些地方豪强的财源。白居易不惧地方势力，很快决定筑堤捍湖。从秋到春，白居易亲自主持并完成了从西湖的钱塘门到

白堤

余杭门之间的护湖长堤建设。堤内是上湖，堤外是下湖，与郊区民田相连。平时，积蓄雨水山泉，遇到天旱则放水灌田，能从中受益的田亩多达千顷。

湖堤筑成后，白居易还为这项水利工程撰写了一份"使用说明书"，即《钱塘湖石记》，如何蓄水，如何灌溉，如何泄洪，如何防止有人"盗泄湖水，以利私田"，这篇碑记中都写得一清二楚。此外，他还论证了湖水深浅与城中六井之水的多寡并没有直接关联，打消了大家的重重顾虑。白居易把这篇文章写得明白如话，就是为了让杭州的官民都能认真执行。这篇西湖水利建设史上的重要历史文献，如今就刻在"圣塘闸亭"背湖的墙面上。

在杭不足两年，白居易科学谋划，担当作为，既解决了城内居民的饮水问题，也解决了当地农田的灌溉问题，此外，他还为杭州留下了无数脍炙人口的千古佳篇。不过，今日所见之西湖白堤，并不是白居易当年主持修筑的那条堤坝（此堤现址应是在钱塘门外），只是因为后人太怀念白居易了，于是杭州民众将原本西湖上的白沙堤更名为"白堤"，以此来缅怀这位勤政爱民的"父母官"。

下一位接过保卫西湖接力棒的是钱镠。吴越天宝三年（910），钱镠动员大批劳力，修筑钱塘江边捍海石塘，用木桩把装满石块的巨大竹笼固定在江边，形成坚固的海堤，有效地保护了沿江农田不再受潮水侵蚀。由于石塘同时兼具蓄水功能，因而江边的农田也得到了灌溉之利。此后的吴越宝正二年（927），钱镠下令专设撩湖军，开浚钱塘湖，得其游览、灌溉两利，又引湖水为涌金池，与运河相通。深耕故土的钱镠，就这样以双管齐下的举措，为西湖开创出了一个崭新的格局。

时光匆匆，西湖在北宋时期迎来了一次载入史册的大发展，而主导者便是为人们所津津乐道的苏轼。

> 杭州之有西湖，如人之有眉目，盖不可废也。[①]

北宋元祐五年（1090），一代文豪以洋洋一千六百余字上书宋廷，申请拨付专款疏浚杭州西湖，字里行间，都可见其言之诚、其情之切。

这个申请书从五个方面论述了重开西湖的必要性和紧迫性。首先，他抛出了"久废复开，事关兴运"的重大论断；然后，他回忆了十六七年前在杭州任通判时西湖的样貌，忧心忡忡地描述了这些年里湖面淤塞不堪的现状；接着，他还列举了此湖不可废的五个重要原因；接下来，他又提出了具体的实施方案，列出了经费预算及筹措途径，还说正好用"以工代赈"的方法征调民工，让饥民度过眼下的灾荒之年，并以此项水利工程提升当

[①]〔宋〕苏轼《乞开杭州西湖状》

地的抗灾能力；最后，苏轼在篇末甚至还结合季节月份给皇帝下了"最后通牒"：臣已问过当地人，八月是除葑根的最佳时节，错过这个季节可就要再等来年啦！

《乞开杭州西湖状》很快上达天听，朝中哲宗年幼，一应政事由太皇太后高氏垂帘决断，而高太皇太后堪称苏轼有生之年里最赏识他才华的贵人，于是他的申请书很快就获批了。西湖历史上最著名的一次大规模疏浚工程就此全面铺开。

从这一年的四月起，开始动工挖葑草，清淤泥，后就地用湖泥堆筑起自南至北纵贯湖面长约 2.8 公里的一道长堤。苏轼还命人在堤上设计建造了六座石拱桥，自此西湖水面被分为东西两部分，而南北两山也因这条长堤得到了沟通。此堤因是苏轼主持修造，便被人们亲切地称作"苏公堤"，也称"苏堤"。此外，苏轼还在全湖最深处立石塔三座，禁止在其范围内种植菱藕，以

三潭印月

防湖底淤浅。这三座石塔后来渐渐演化为今日西湖十景之一的"三潭印月"。

到了南宋，作为都城，杭州赢得了空前的发展机遇，西湖景观随着都城的繁荣而臻于鼎盛，大量宅园、佛寺临湖而建，与西湖山水构成了大型的山水园林景观。这一时期，西湖也多次得到了疏浚，例如，淳祐七年（1247），临安知府赵与𥲅开浚西湖，将疏浚所得淤泥筑成长堤作为去灵隐、天竺的通路，今日"赵公堤"遗迹尚存。

南宋时期，还有一位临安知府潜说友也为西湖做出了卓著的贡献，他先是组织人工清除了湖中的菱荷，为保持湖水清洁，他还多次重申，禁止人们乱抛粪土、栽菱荷及浣衣洗马。当时有个御药院的宦官名叫陈敏贤，此人在西湖边广造屋宇，他家厨房的污水竟直排西湖，潜说友看到后勇敢地向皇帝"实名举报"，最终陈被降职惩办。

咸淳五年（1269），潜说友主持修整了苏堤，采湖泥将苏堤普遍填高二尺，增宽至六丈。堤上的亭台建筑均加以刷新，堤两岸又补种了各色花木数百棵，为"苏堤春晓"的景致增色不少。

到了元代，江山易主，但杭州的风韵还在，意大利人马可·波罗来访杭州时，盛赞这里是"世界上最美丽华贵的天城""人处其中，自信为置身天堂"。然而，元人认为宋人耽于享乐，只顾着流连山水，才丢了江山，因此对西湖采取了废而不治的态度，以致"六桥以西水流如线"。

倏忽九十余载，元亡明兴，转眼又是百余年，西湖一直沉寂着，似乎是在静静等待着它的又一次涅槃重生。

明弘治十五年（1502），杭州迎来了新任知府杨孟瑛。来杭不久，他的足迹就遍及杭州城内外的山山水水，但他这个四川人，却对前贤苏轼笔下的这座江南名城有那么一点点失望。为什么？因为西湖。

眼前的西湖，有点小，有点乱，有点不那么眉清目秀。湖面越来越小，湖水越来越少，让杨孟瑛忧心不已，他在一份名为《呈复西湖状》的奏章中说："濒河田土，一遭岁旱，湖竭而灌溉难资，稼枯而农民失望，赋税虚陪，户口逃徙。"杨孟瑛的这份调研报告，点明了修整西湖的必要性，西湖历来是周边农田灌溉的重要水源，但因为湖水渐涸，农田难以得到灌溉，这已经影响到了当地百姓的生计和地方的财政收入，以至还出现了流民外徙的萧条景象。

杨孟瑛是个实干型的地方官，但疏浚西湖的方案还是在整整四年之后才得以真正施行，这期间他所遭遇的各方阻力可想而知。幸而有浙江提刑按察司佥事高江以及御史车梁的力挺，在杨孟瑛的主持下，浩大的西湖疏浚工程终于启动了。

此次的浚湖工程，最难啃的"硬骨头"在湖西，想让侵湖而建的大片农田和房屋重新恢复成历史上曾经的水面，势必要和参与了侵占的众多富户展开正面交锋。

一开始，这些富户们还是心存侥幸的，因为在杨孟瑛之前，已有太守胡浚、御史谢秉中、布政使刘璋、按察使杨继宗、御史吴一贯等官员先后提出过疏浚西湖的计划，但均因阻力重重，不了了之。

但这一次，看到杨孟瑛似乎要动真格的，相关利益者们开始慌了起来，于是他们发动了一场舆论战，到处宣扬官家的浚湖令是在侵害百姓的利益，必须反对到底。

对此，杨孟瑛其实早有考虑。一天，他特意请了几个反对派的代表来府衙商讨此事，但谈判现场的气氛还是出乎他的意料。应邀的几个代表可谓有备而来，个个阴沉着脸，面对杨孟瑛这位地方长官时也毫不客气。他们纷纷表示，这些田产是自家祖上留下来的私产，官府不能想收就收。

其中一个代表满脸不服地说："我家在湖西的田产，是往上数十几代的老祖宗留下来的，是货真价实的祖产，凭什么充公？"

旁边的另一个老者则掏出一张泛黄的地契抖着双手说道："我家的这十亩上好的水田是家父在三十年前花大价钱从别人手里买来的，这可是有官府凭信的地契，怎么，我大明的王法在你杨大人这里不作数了吗？"

"是啊，人人都知道这湖西水田位置得天独厚，土壤肥沃，属于上等良田，我们怎能轻易拱手让出？"一个年轻人迫不及待地接过了话题，还用咄咄逼人的目光望着杨孟瑛。

"不能拆啊，杨大人，我家那五间正房可是去年才新盖的呀！"

……

面对这样一个棘手的历史遗留问题，杨孟瑛并不急于表态，而是等大家七嘴八舌都吐槽完了，才缓缓开口道："今日杨某请各位前来，就是要解决这个问题的，不过，我首先声明，无论占湖为产是合法还是非法，所占田地必须全部收回，重新恢复西湖湖面，这一点，不容商量！"大家一听立刻又吵了起来。但杨孟瑛清了清喉咙，命身旁的衙役拿来一幅地图，为大家展示出了他精心拟定的"征拆方案"，简言之，就是土地置换。只见杨孟瑛指着地图娓娓道来："今查得崇善、崇兴、禅智等废寺，并铜钱局共有腴田一万多亩。今议随寺大小，量留百亩，以奉香火。其余田亩，逐一清查，拨与应开湖田之人，就令管业，量免本年差徭。"听完他这席话，现场不再那么群情激愤。但也有一些不愿接受置换方案的人，杨孟瑛又及时地提出还有一个"货币安置"的方案可供选择。这下，在场的大多数人才松了口，同意了这个牵涉众多、影响重大的搬拆腾退的方案。尽管还有少数几个贪利之人，死活不愿意让出占湖田产，但在杨孟瑛雷厉风行的作风面前，也逐个败下阵来。

于是，经由杨孟瑛的精心运筹，这项浩大的西湖疏浚工程得以稳步推进。

明正德二年（1507）二月二日，杨孟瑛一边贴出告示，令占湖为田、筑屋建园的富豪迁屋平田，一边动用民工进入湖区开工建设。

疏浚工程完工后，苏堤以西至洪春桥、茅家埠一带全部恢复为水面。挖出的葑泥，一部分运到了苏堤，将其填高了二丈，拓宽了五丈三尺，之后还在两岸遍植杨柳，苏堤得以重现"六桥烟柳"的旖旎风光。另一部分淤泥则另筑一堤，与苏堤并驾齐驱，从栖霞岭起，绕丁家山直至南山，而这条堤的主要作用就是划分界限，规定堤东边的水面一律不许侵占。后来，此堤自然而然就被杭州百姓称作"杨公堤"。

当地民众对杨孟瑛疏浚西湖十分赞赏，有童谣这样

杨公堤

唱道："杨君来，西湖开。西湖清，杨君升。"然而，杨孟瑛在疏浚西湖过程中还是不可避免地得罪了一些地方豪强。这样突出的政绩，也并未给他带来仕途的显达。明正德四年（1509）初，他被朝廷明升暗降为顺天府府丞，不久就有人弹劾他利用西湖工程中饱私囊，很快他又被牵进了党争的旋涡之中。如此种种，令杨孟瑛心灰意冷，于是他便索性辞官回乡办学去了。

至此，杨孟瑛在西湖发展史上留下了浓墨重彩的一笔，他所付出的努力，远比白居易和苏轼当年要多得多。尽管他曾谦虚地说自己只是恢复了西湖的旧貌，但他这种敢于碰硬、担当作为的作风依然值得后世学习传扬。

接下来的明清两代，西湖又经历了几次规模不小的疏浚。

明嘉靖三十一年（1552），杭州知府孙孟在西湖三塔中的北塔遗址建"振鹭亭"，后改名为"清喜阁"，即现湖中三岛之一的"湖心亭"。

万历三十五年（1607），钱塘县令聂心汤向浙江水利道请示后，参照苏轼当年的方法，清淤筑坝，修放生池，形成了"湖中湖"的景观，奠定了今天小瀛洲的初貌。

四年后的万历三十九年（1611），钱塘县令杨万里（与南宋著名诗人杨万里同名）继续聂心汤的工作，进一步清淤筑堤，小瀛洲进一步成型，到了万历四十八年（1620），堤坝完善。他还主持修缮了德生堂，并扩建为寺，另外还在岛外重建了三座小石塔，以此向前贤苏轼致敬，这便是游客们今日所见之"三潭印月"。

清代，在康熙、乾隆等皇帝多次巡幸、题咏西湖的影响下，西湖得到全面疏浚，景观达到全盛。其间，雍正五年（1727），浙江巡抚李卫主持开浚了西湖湖道，在金沙港、赤山埠、丁家山、茅家埠筑石堰各一座，用以蓄泄沙水入湖。

清嘉庆五年（1800），浙江巡抚颜检奏浚西湖兴修水利，后由浙江巡抚阮元主持，用疏浚挖出的泥土堆筑了一个土墩，即今日的阮公墩。由此，现代西湖的轮廓定型。

清同治三年（1864），清政府创立了西湖浚湖局，由钱塘人丁丙负责。这是继吴越王钱镠设"撩湖兵"专事浚湖之后，定期疏浚西湖再次成为一项常态化的城市管理内容被固定了下来。

回顾历史的重重风烟，西湖的兴废交替上演，在这个过程中，西湖与杭州城的关系愈加密不可分，城倚湖而兴，湖与城俱荣，杭州终成东南名城。令人感慨的是，若没有历代有识之士不懈的疏浚与治理，西湖恐怕早已湮没于历史的风尘之中了。先贤们以卓越的智慧和坚韧的精神不断投身于这项宏大的城建基础工程，既注重实用性，又十分注重诗意与哲理并重的景观设计，从而完美地诠释了"天人合一"的中国文化思想，谱写出了一部人与自然和谐共生的光辉史诗。

第二章

两堤三岛

两堤烟柳画桥，三岛晴雨相宜

——从一池三山到两堤三岛，在西湖发现东方山水格局之美

2011 年 6 月 24 日，法国巴黎，联合国教科文组织第 35 届世界遗产大会到了最为激动人心的时刻，那就是公布新一批的世界遗产名录。会场内的几个中国代表显得尤为紧张。当听到入选名单上有杭州西湖的那一刻，他们抑制不住内心的欣喜，将这个好消息以最快的速度传回国内。是的，杭州西湖，全票通过！

自此，已有数千年历史的杭州城，在这个夏天，翻开了一个新的篇章。

那么，是杭州西湖的哪些特质打动了这些见多识广的评委们的呢？对此，评审委员会给出了这样的官方认证，那就是西湖的自然山水、"三面云山一面城"的城湖空间特征、"两堤三岛"的景观格局、"西湖十景"的题名景观文化、西湖的文化史迹以及西湖的特色植物这六大要素。在它们的共同作用下，西湖脱颖而出，从而跻身世界级遗产名录，而它也是目前中国唯一一处湖泊类文化景观遗产。

在中国民间，自古就有"上有天堂，下有苏杭"的说法，最晚从一千多年前的唐代开始，杭州这座位于江

两堤三岛

南的灵秀之城就被人们向往和推崇，这一点从历代文人骚客为杭州西湖写下的诗词名篇中就可见一斑。如果用一句流行语来形容西湖，那就是"好看的湖泊千篇一律，有深厚人文底蕴的湖泊万里挑一"。那么，西湖的山水之美究竟有何过人之处？

在杭州，西湖的山水空间所展现出的人与自然的和谐，与中国文人士大夫的理想山水模式高度契合，集中反映了中国传统的山水美学思想。在近两千年的发展历程中，西湖由自然形成的湖泊逐渐变为城市景观的审美对象，并被无数人加以维护、营造，最终形成了背衬青山，怀抱堤、岛、桥、园、塔、寺的独特布局。而这其中，两堤与三岛的独特布局，更是彰显了杭州西湖别样的格局与内涵。

要说西湖的"两堤三岛"，我们必须先以"一池三山"为关键词，来回顾一下这种古老的山水营造模式。

"一池三山"的典故由来，最早可以追溯到两千多年前那个一心渴望长生不老的秦始皇。

据司马迁《史记》记载，秦始皇统一六国之后，除了想让他的江山永固，更想拥有长生不老的特权。为此，他想尽了办法，也网罗了天下各路方士为他研发延寿的丹药秘方，这其中有个从齐国来的名叫徐福的方士，颇受秦始皇的重用。

因徐福自小生长在东海沿海，一次闲谈，他向秦始皇描绘了海外仙山的神奇幻境。其实，他所见过的所谓仙山，大概率只是他在海边见过的海市蜃楼而已，但他却一本正经地对秦始皇说："东海有蓬莱、方丈、瀛洲三座仙山，那里就是神仙们的住所，他们肯定有长生不老的药方。"秦始皇听了极其神往，恨不得亲自前往，但徐福劝说道："陛下，海上凶险，九死一生，这等冒险之事还是小人去做吧。"于是，秦始皇就按照徐福开出的单子，派出了童男童女数千人同往，随船同去的，还有这些人在三年里需要的粮食、衣履、药品和耕具等。

徐福一行走后，秦始皇开始了漫长的等待，在这个过程中，他抑制不住对那个瑰丽神奇的东海圣境的向往，就下令在都城咸阳营建了兰池宫。于是，工匠们引渭水为池，在池中堆土成三岛，一曰蓬莱，一曰方丈，一曰瀛洲，以此来暂时满足这位皇帝对东海仙山的狂热向往。

但令秦始皇没想到的是，几年后，徐福却无功而返。对此，徐福给出的理由是海上有凶残的大鱼，阻碍了他的求仙行程，许多人命丧鱼腹，船队无奈只能返航。皇宫的大殿内，他低低地伏在地上，恳求秦始皇派出一队能征善战的武士与他一同出海。

不过，尽管秦始皇再次满足了徐福提出的要求，据说武士们也真的在海上猎杀了一条大鱼，但秦始皇至死也没能等到徐福从海外的仙山带回仙药来。而对于徐福来说，仙山、仙人、仙药本是他的杜撰，所以史籍中记载他最终不知所踪，其实也可以称得上是逃之夭夭了。

斯人已逝，秦始皇曾梦寐的可延续万世的大一统江山，只传至二世便匆匆易了主。政权更迭的战乱平息之后，汉家王朝的咸阳，又慢慢恢复了其原有的生机，中华文明滚滚向前的车轮又一次驶上了快车道。

到了汉武帝执政时期，国家的治理理念逐渐由道家转向儒家，但他在命人修建规模宏大的皇家宫苑时，依然记得秦朝旧宫中的那些山水景致。于是，武帝命人在建章宫中开挖了人工湖，并在湖中堆起了象征三神山的三座小岛，从而打造出了中国历史上第一处空前宏大的仙苑式皇家园林。此后的两千年间，这种"一池三山"的山水园林营造法从皇家走向民间，被一代代传承下来，并一直被历代的造园人所推崇与再现。

杭州西湖在由自然湖泊向城市景观湖泊进化的过程中，"一池三山"的营造法式也被自然而然地引了进来。唐时，白居易就曾盛赞西湖山水美如仙境，具有"蓬莱"品质，他将西湖的天然岛屿孤山具象化为"蓬莱宫在水中央"，这样贴切的类比不断深入人心。千百年来，人们在建设西湖时，也在极力维护与增强"一池三山"这种理想景观模式的内涵。于是，在对道家文化的共同追求下，人们以本土宗教作底，不断对这种境界进行景观外化式展现。人们在游览西湖时，也自然而然地被导入这一境界，在忘我的氛围中陶醉流连，实现对传统文化的体悟。故而，人们把杭州誉为"天堂"，这不仅仅是表面化的夸赞，从道家文化的角度来看，还真是有着深层次原因的。

西湖作为一个被群山三面环抱的湖泊，其先天的自然条件本就非常出色，再加上人们的有意营造，在不断吸收中国传统山水园林文化精华的过程中，渐渐成长为天下闻名、首屈一指的山水胜境，并且影响到了后来清代北京的皇家园林圆明园、清漪园以及承德避暑山庄人工湖的建造风格。这种以水体为基底，结合堤、岛、桥构建山水骨架，建筑临水而建或缀于岛上，并以桥堤连接形成的独特的园林空间艺术，成为中国园林山水文化的主要格局架构，并形成了一种山水人居的典范格局。

解读西湖就是在解读博大精深的中国传统文化，而"两堤三岛"则是在此基础上，依托西湖而生成的独特山水美学范本。

或许，白居易并不是第一个发现西湖美的人，但他一定是第一个用无数优美的诗文来传扬西湖之美的人，例如他那首脍炙人口的《钱塘湖春行》。作为一个身体

白堤雪飞鸟

力行者，白居易不仅能领略西湖的美，同样，也十分珍惜它的美。为了维护这种美，白居易主持进行了规模宏大的疏浚工程。西湖也开始从自然湖泊逐渐过渡为城市景观。被他深情赞美过的白沙堤，在他离开杭州后被人们称为"白堤"，由此，这道不长的堤渐渐开始承载丰富的人文意义。

以后历代，人们围绕西湖展开的疏浚、营造、修建，无一不是对西湖的深加工。一桃一柳的苏堤建成了，湖中有湖的小瀛洲建成了，可远观而不可亵玩的阮公墩也堆积起来了。亭台楼阁点缀下的西湖愈加雍容华贵，气度不凡，城与湖就这样相互依存、相互成就，最终成为一颗璀璨的东南明珠。

杭州西湖的景观格局虽历经了千年的接力创作，但在空间布局和水系营造方面，却做到了维系和传承千年而主旨不变，因而呈现出了一脉相承的婉约之美。

白苏两堤之盛名，赖于白居易与苏轼两位文豪在杭州任职期间所做出的政绩，以及他们为杭州留下的不朽诗文。因此，白堤与苏堤绝不仅仅只是两道因疏浚湖水而堆砌成的堤坝，也不仅仅是对湖面进行了恰当的划分，更为重要的是，它们蕴藏了深厚的城市记忆，承载了丰富的人文传说，并连缀起了西湖上的诸多景致，为游览西湖提供了更多的路径。

三岛即三山，西湖上的两堤与三岛，以一种恰到好处的"点线"结合的手法将湖面划分为大小不一的区域，从而展现出主次分明、浑然一体、纵深延递、互相呼应的姿态。与此同时，西湖渐渐融入历代文人的美学思想，突出体现了东方文化中人与自然和谐共处的理念，形成了简约而不简单的景观格局。这种以堤岛分割的形式对平面空间进行的重组，正是西湖景观的核心特点，而这或许也正是杭州西湖在中国山水中首屈一指的秘密所在吧。

西湖的典范格局不仅启发了 18 世纪的清代北京的皇家园林格局，也对日本、朝鲜半岛等东亚地区的景观审美与造园艺术产生了直接而深远的影响。因此，西湖之上的这些堤与岛，看似妙手偶得，实则具有深厚的底蕴，而这一美学范本，在世界景观设计史上自然留下了彰显东方智慧的华美篇章。

第三章

西湖十景

柳浪荷风传天下，四时晨昏频入画
——南宋文人画家们攒出的这份西湖旅游宣传文案能打满分

在当下的互联网时代，无论是图文还是视频，在全球范围内，信息传播都只是瞬息之间的事，而在过去漫长的岁月里，车、马、邮件，一切都是那么慢。如何让资讯得到更有效的传播，古代的人们其实也是想了不少办法的。比如，对于如何让一处风景名胜天下皆知，杭州人就颇有心得。他们不仅将西湖的主要景点画在卷轴上，还用生动、传神、优雅的四字词，给这些画上的风景命名，并将其集称为"西湖十景"。这种营销方式绝妙地融通了山水、书画、诗歌三类艺术的精髓，让自然景观与诗词音律实现了高度融合，达到了令人过目难忘的传播效果。

北宋绘画理论著作《林泉高致》中，曾经全面总结了有关四季晨昏的景点画题，例如"平远秋霁""秋晚平远"等，而"春晓""残雪"等意象也属于山水画当中经常被表现的对象，于是这些意象都成为后世画家题名的母版。这本著作无疑点拨了众多的同道中人。比如说北宋年间宋迪就绘制了"潇湘八景图"组画。沈括曾在《梦溪笔谈》中对这八景的名目有过详细记载，还总结道，这八景被"好事者多传之"。但这八幅画对于相关景物的命名基本属于泛指，游人无法按图索骥找到与之一一对应的景物。不过这组画依然堪称中国山水景观集称艺术之滥觞。

　　此后，一百多年的南宋王朝让杭州盛极一时，明代田汝成在《西湖游览志》一书中曾这样描写："（宋室）南渡后，堤桥成市，歌舞丛之，走马游船，达旦不息。"众多文人画家们与朝廷一起南迁，在沉醉于西湖美景的同时，他们也创作了大量有关西湖风景的山水画。就在这些画作中，有关杭州"西湖十景"的系列题名开始陆续出现，并逐渐成熟完备。也就是说，"西湖十景"并非某一位文人画家的独创，而是一个集体审美的成果，有的景名甚至早在北宋就有了，比如我们所熟知的《清明上河图》的作者张择端就曾画过《南屏晚钟图》。到了南宋，各个景名逐渐出现在南宋画师的笔下，如陈清波画过《三潭印月图》《苏堤春晓图》《断桥残雪图》《曲院风荷图》《南屏晚钟图》《雷峰夕照图》，马麟更绘有《西湖十景册》，说明到南宋中后期，"西湖十景"已逐渐定型。南宋祝穆在《方舆胜览》一书中写道："好事者尝命十题，有曰：平湖秋月、苏堤春晓、断桥残雪、雷峰落照、南屏晚钟、曲院风荷、花港观鱼、柳浪闻莺、三潭印月、两峰插云。"南宋《梦粱录》还重点说到了"西湖十景"：近者画家称湖山四时景色最奇者有十，曰苏堤春晓、曲院荷风、平湖秋月、断桥残雪、柳岸闻莺、花港观鱼、雷峰落照、两峰插云、南屏晚钟、三潭印月。"西湖十景"可以说最大限度地概括出了西湖在一年四季当中，全方位无死角的美之精华所在。由此，"西湖十景"实现了山水景观与诗情画意的完美融合，既是中国题名景观文化成熟的标志，也可以看作是中国古典山水文化成熟的标志。

　　有了这个成功的范例，其他各地文人便纷纷效仿，为自己的家乡打起了广告，各种层出不穷的系列题名景

〔清〕周尚文《西湖全览》

观集称纷纷出炉，如"燕京八景""长安八景""羊城八景"等等，一时蔚为大观。仅杭州而言，到元代就又增补了"钱塘十景"，与南宋的"西湖十景"并称为"杭州双十景"。

西湖在清代迎来了全盛期，因为，它先后吸引了两位帝王的目光，那就是康熙皇帝和他的孙子乾隆皇帝。在繁忙的政务之余，他们最喜欢的就是不远万里地"逃离"紫禁城，来江南度假——康熙皇帝曾五巡杭州，乾隆在六下江南的行程中，杭州也是必到的打卡之地。

皇帝来了，流传下来的逸闻趣事也就多了，其中围绕"西湖十景"的故事就有不少。

清康熙三十八年（1699），康熙皇帝第三次南巡，他御笔亲题了"西湖十景"的四字景名，后杭州人敬刻御碑并选址建亭，从而确定了"西湖十景"的最佳观景点，使西湖十景正式获得了皇家钦定。据说，康熙在这次题名前，还曾认真审定过一番，并慎重地将"两峰插云"改作"双峰插云"，"曲院荷风"改为"曲院风荷"，又将"南屏晚钟"改为"南屏晓钟"。史料记载，为何改"晚"作"晓"，皇帝当时还给出了修改的理由——"夜气方清，万籁俱寂，钟声乍起，响入云霄，致足发人深省也。"不过后来人们还是习惯称之为"南屏晚钟"。此外，这位皇帝还将"雷峰夕照"称为"雷峰西照"，但大家似乎也不太买账，而是延续习惯称作"雷峰夕照"。不管怎么说，人家一位日理万机的皇帝能积极地参与到西湖的旅游文案策划当中，实属难得。因此，这一年，绝对称得上是杭州的高光时刻，西湖也因皇帝的这次到访而更加美名远播。而换一个角度考虑，是西湖首先用她的美打动了皇帝，皇帝才会以这样饱满的热情为西湖锦上添花。

后来，乾隆也来杭州了，每到一处景点打卡，他都喜欢题诗留念。当他在西湖边上看到爷爷当年留下的御碑后，诗兴大发，于是就给"西湖十景"的每个景点各题御诗一首。后来，这些诗就刻在了对应的那十块康熙御碑的背面，这些碑也被人们形象地称为"爷孙碑"。

关于十景之一的"曲院风荷"，有这样一段故事。明人田汝成在《西湖游览志》中记载："曲院，宋时取金沙涧之水造曲以酿官酒。其地多荷花，世称'曲院风荷'是也。"可见，此曲字的源头与"麯"有关，而与"曲折"和"曲调"无关。但后来，酒坊不见了，"麯院"之名却留了下来。到了清代，康熙皇帝给这个景点题名时将"麯"写作了"曲"（当时的"麯""曲"二字不通用），背上了写别字的嫌疑。后来，乾隆在祖父的题名碑背面题诗时，特意就此事作了一首诗来解释，诗中有云：

九里松旁曲院风，
荷花开处照波红。

莫惊笔误传新榜，

恶旨崇情大禹同。

据《战国策·魏策二》记载："昔者帝女令仪狄作酒而美，进之禹；禹饮而甘之，遂疏仪狄，绝旨酒。曰：'后世必有以酒亡其国者。'"大意是，大禹当年在喝了仪狄敬献的美酒后，觉得非常好喝，但他马上又意识到，如此好的东西，意志薄弱的人必会沉湎于它，因此他就疏远了仪狄，也不再饮用这种美酒，他还对别人说，后世肯定会有因酒而亡国的人。《战国策》记载的不一定真有其事，但中国古代历史中记述的那些亡国之君大多被指沉湎于酒色，这似乎是大禹预言的应验。熟读经典的乾隆自然也读过《战国策》，于是他巧妙地引用这则传说，为爷爷康熙写的别字做了相当体面的解释。那就是爷爷不愿意提到此地曾是酿酒之所，以免大家误以为皇帝是在为酒作坊做代言，故而他在题此名时，故意避开了"麯"字，而代之以"曲直"的"曲"字。乾隆的这首诗作文采依旧很一般，但功效明显，一下子就洗清了祖父康熙的别字之嫌，并且还顺带标榜了康熙作为一代明君的光辉形象。

晚年的乾隆，将南宋画师叶肖岩的《西湖十景图》视若珍宝，欣赏把玩已觉不够，于是又兴致勃勃地御笔配诗十首。

据统计，乾隆每次来杭州，都会给"西湖十景"题诗，其中有一次居然一口气各题了六首，总计六十首之多。先不论质量，单单在数量上就已经是空前绝后了。看来，这眼前的绝美景致可真是怎么写都写不够啊！

2011年，在杭州西湖"申遗"的过程中，一幅《清乾隆西湖行宫图》进入评审专家的视野，这幅画为清代

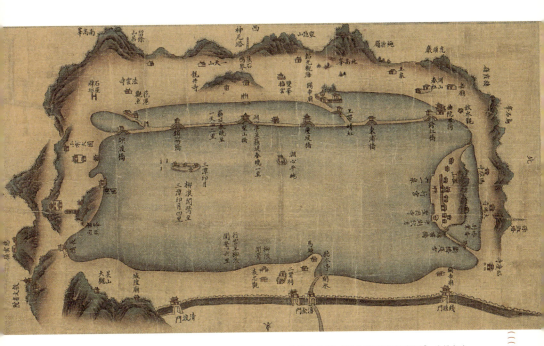

宫廷画师关槐所绘。此图是一幅长卷，其创作目的是为乾隆皇帝第五次下江南游西湖时，提供一卷精确的游览路线图。

　　《清乾隆西湖行宫图》为卷轴装，绢本彩绘，长950厘米，宽34.5厘米。由内务府造办处舆图房负责绘制，关槐执笔，上有乾隆御印。此图在各类供皇家使用的舆图中属于总结路线式的地图，它把西湖全景分绘成东西南北中五段，采取了鸟瞰的形式，以青绿设色的写实画法描绘出了当时以西湖行宫为核心的周边景点的具体方位，以及行宫至各景点的具体里程。图上，众多的名胜景点都有文字标识，为皇帝的自由行提供了方便的指南。这种将地图元素与传统绘画有机结合起来的画法是中国古代地图的一大特色，它们多用于描绘山川之美，主要

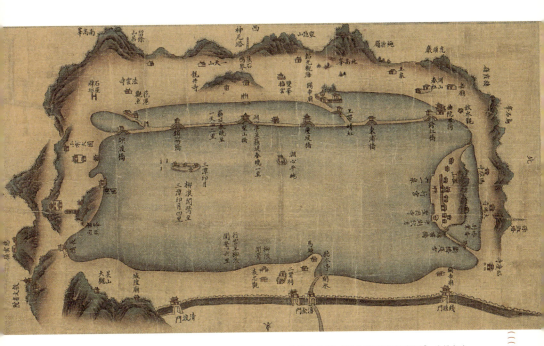

〔清〕关槐《清乾隆西湖行宫图》（局部）

特点是色彩绚丽、图像逼真，能缩全貌于眼前，形成了一种重要的中国古代山水画门类。

这幅《清乾隆西湖行宫图》中保留了二百多年前的西湖模样，而我们也得以从中一窥当年的"西湖十景"原貌。比如，那时的白堤和苏堤上都有精致的亭子，白堤两座，苏堤六座，南高峰上还有三层宝塔，此外还有很多如今已销声匿迹的古老寺庙掩映于群山之中。

正所谓"上有所好，下必甚焉"，在清代，除了董邦达、关槐这些宫廷画师们对西湖景致有过不同角度、多种形式的绘画展现之外，介绍杭州及西湖的方志类书籍也纷纷出版问世。

2015 年 5 月，在北京的某次艺术品拍卖中，一套线装版 1 函 12 册的古籍善本吸引了众多买家关注的目光。它的起拍价为 55 万元人民币，最终，经过多轮竞价，一位买主以 66.7 万元的价格将其收入囊中。要知道它只是一套清代的书籍而已，但与一般市面上常见的清代善本不同，这套书并未在民间广泛流传，而是作为一种"特供"，只在内廷中供皇帝阅览，也就是说，这是一套专供乾隆皇帝游历西湖阅览的贡书。这套书就是成书于乾隆二十年（1755）的《西湖志纂》。说起这套书的由来，还有一段故事。

众所周知，成书于清雍正年间（1723—1735）的《西湖志》，由浙江总督李卫亲自主持监修，被人们称作"西湖第一书"，它记载了西湖的自然风光及人文历史，是有关古代西湖的一部权威"百科全书"。这套巨著由傅王露总纂，当时共有四十七人参与其中。到了乾隆当政时期，他对江南的迷恋几乎达到了无以复加的地步，而《西湖志》虽包罗了关于西湖的种种知识，却卷帙浩繁，枝蔓横生，可读性明显不高。乾隆二下江南回来后，一次和几位近臣闲谈，抱怨《西湖志》太过厚重，捧读起来实在是不便。言者无心，听者有意。很快，内务府就针对乾隆的意见，召集了曾亲自参与过《西湖志》编纂工作的专家傅王露、沈德潜等人，共同组成了新的创作班子。他们在《西湖志》的基础上重新编纂，删繁就简，打造出了一套专供皇帝南下西湖游览时随手翻阅的旅游指南书。书中按西湖南山、西山、北山等各条游览线路，结合景点，介绍了相关的人文背景，最终精炼而成这部《西湖志纂》的书稿。之后，他们又采用御用书籍的标准进行了精心刻印。此后第三年及第七年，该书又做过两次增辑。

二百六十多年后，这套御用的书籍再次进入藏家的视野，据专家鉴定，它正是当年的初刻首印本，专为进呈内府之用，书的卷首还摹刻着乾隆的御笔和上谕。这件拍品虽为一件印刷品，但其线条精细，又采用了上好的纸墨，反映出了那一时期中国印刷技术的水准，因而堪称是一套文质兼美的精品书。这样的书籍，自然会被众人视若珍宝。

这套贡本御览书的一大看点就是书中有跨页式西湖风景名胜图三十三幅，画家用优美的线条生动勾勒出了西湖山水在四季晴雨中的优雅景致。而这样的精心安排，自然是为了能让皇帝在阅览此书的过程中轻松惬意，别有兴味。在乾隆第三次下江南之前，这套书作为一份特别的礼物，被进呈至御前。可想而知，那些善于揣摩圣意的臣子们，一定得到了皇帝的一番嘉奖吧。

西湖之美是被清朝的两位帝王亲自"打卡认证"过的，因而这份美似乎也更加风华绝代。或许正是在此背景之下，西湖的景观文化才借由这些碑刻、题诗、志书，经过一次次、一轮轮的梳理与确认之后，得以广泛传播，并愈加蜚声海内外。

关于"西湖十景"的典故、传说有许多，且让我们在此做一简要列举。

真假桥名之辩

例如苏堤春晓。民谚有云："西湖风景六吊桥，一株杨柳一株桃。""六吊桥"位于"苏堤"之上，自南而北依次名为映波、锁澜、望山、压堤、东浦、跨虹。据史料记载，为这六座桥命名的正是当年主持筑堤的苏轼。但我们目前所见的桥已并非宋代原装，而是几经岁月侵蚀损毁，不知修复过几回的新桥了。但所幸东坡先生亲自命定的桥名还在，这至少能让我们的思古之幽情有所寄托了。

今天，关于这六座吊桥的名字，留着一个大大的疑问，那就是，"跨虹""压堤""望山""锁澜""映波"这五座桥的名称都采用了动宾结构的词组，而唯独"东浦桥"不是，这对于极讲究对韵的古人来讲，怎么看都有点不合常理。有文字方面的专家做过研究与推理，也给出了一个比较令人信服的解释——"东"的繁体"東"和"束"仅差了中间的一横，那么，是否这座桥本来的名字应该是"束浦"呢？因为只有这样，这个词才会与其他词一样，属于动宾结构，而其意韵也远比"东浦"要"高大上"得多。所以，"东浦"一名，很可能是在历代的重修过程中，不知被哪个石匠多凿了那么一横，便自此湮灭于历史的风尘之中了。

如果发起一个投票，不知您是否同意将这座桥的芳名恢复为"束浦"呢？

柳浪闻莺的民间传说

在杭州当地流传着一个美丽的民间故事。很久很久以前，西湖还只有九处美景。在西湖边上有个小村庄，村人们多以养蚕织锦为生。村里有个勤劳的小伙子名叫柳浪，因为家贫，老大不小了还未娶妻，为此他经常悄悄地把孤单的心事倾诉给柳林里的黄莺听，黄莺则在林间以婉转的歌声回应他。突然有一天，从林子里走来一位身穿黄衫的俊俏姑娘，并迎面遇上了正路过此处的柳浪。这对青年男女一见钟情，不久，他们就结为了夫妻，和和美美过起了小日子。一天，柳浪接了一个富人家的活儿，他需要在一天之内织成一匹锦，上面的图案必须表现一处新的西湖景致，而且这个景致上还得有声有色。柳浪很发愁，这时他的新娘子出手了，她的织锦手艺堪称神奇，不仅织得精美，而且速度飞快，简直让人眼花缭乱。很快，她便完工了，呈现在大家面前的是一片绿绿的柳林，林间翩然飞舞着一只只灵巧的黄莺，她还在这匹锦缎上织了四个字——"柳浪闻莺"。这时大家才意识到，这位柳家的新娘子，恐怕正是柳林里的黄莺幻化而成的。

花港观鱼的民间传说

关于"花港观鱼"，也有一个美丽的传说。此地的鱼群最早从何处来，已无法考证，但在民间口口相传下来的故事却为这处景致增添了不少动人的情致。相传从前湖边住着一家渔户，他家的儿子一天在湖上捕获了一条非常少见的红鲤鱼，而且它浑身的鱼鳞还闪着金光，小伙子一时看得呆了。再看网中那鱼，可怜地望着他，似乎是在向他求情。小伙子心念一动，就把它放还到了湖里，只见红光一闪，鱼儿尾巴一摆就在湖里消失不见了。之后那天小伙子撒了一网又一网，却再无半点收获。

柳浪闻莺

他正准备回家时，却听得后面传来脚步声，原来是一位穿红衣的俏丽女子，她说，渔夫小哥，我看你今天打鱼不顺，不如我来帮你打一网试试？小伙子半信半疑地把网递了过去，不料，那女子一网就网住了一条好大的青鱼。这条鱼在集市上卖了个好价钱，他要把钱分给红衣女子，红衣女子却说，自己叫渔姑，一家也是打鱼为生，是从外地逃荒过来的，不料在这湖附近跟亲人走散了，所以问他能否在他家里暂住几日。于是小伙子把渔姑领回了家，他的父母特别喜欢这个漂亮勤快的姑娘。后来，姑娘的亲人也没找到，可她却一点儿也不着急，小伙子的父母看出了这对男女有情有义，就托邻人保媒，为他们办了喜事。婚后二人和和美美，每天都要一起出门打鱼，奇怪的是，他们打到的鱼总比别人家的多，也比别人家的大，因此，这家人的小日子也过得越来越好了。谁知好景不长，这一日，夫妇俩照例出门打鱼，头顶突然乌云滚滚，湖上掀起了巨浪，他们赶紧划着小船靠岸，却不料一个浪头打来，把渔姑卷入了湖中。小伙子大惊失色，此时天空和湖面却瞬间恢复了平静，他几次潜入湖里，都没能找到他的妻子，于是只能绝望地在湖边大声地呼唤着渔姑的名字。这时，一旁有位老渔夫得知了小伙子的离奇遭遇后，对他说，你婆回家的可能是这湖里的鱼精鱼怪，走了也好。但小伙子自此日日徘徊在湖边，心里想着还能再见到他的渔姑，但渔姑再也没出现过。不久之后的一天，小伙子又坐在湖边发呆，突然，他看见湖面上漂来一片大荷叶，荷叶上有一对红色的小鲤鱼。小伙子看见这对漂亮的小鲤鱼热泪盈眶，他知道，那是渔姑送给他的礼物。小伙子把两条小鱼捧回来放进他家门前的池塘里悉心照料，谁来买他也不卖。最后，这对小鲤鱼越长越大，并最终繁衍出了一池的美丽红鲤鱼，成为装点西湖的一处灵动景致。

那个到处流传的爱情故事

要论最著名的西湖传说，非许仙与白娘子的故事莫属。断桥和雷峰塔，便因这一传说而名声大噪。

白娘子原本是山野中修炼的一条小白蛇。有一天，小白蛇被一个捕蛇老人抓住了，差一点遭遇杀身之祸，幸亏被一个小牧童所救。经过一千七百年的修炼，白娘子终于化作人形，并自称白素贞。经观音大士指点，白素贞来到杭州西湖，寻找前世的救命恩人小牧童。清明时节，西湖上烟雨蒙蒙，白素贞记着观音大士说与她的偈语"有缘千里来相会，须往西湖高处寻"，就在杭州西湖的断桥上不断眺望。很快，她就发现了前世的救命恩人书生许仙。二人在断桥上虽是初见，但有前世的因缘所牵，故而互相心生好感，很快便两情相悦，结为夫妻。故事眼看要以花好月圆收尾，不料却凭空杀出来一个爱管闲事的和尚法海。法海法术高深，能准确识别出隐藏在人间的异类，比如蛇精，而且他还有一股侠义精神，只要发现有妖精，必要尽力将其捉拿。于是，平地起波澜，白娘子与法海斗法斗得天昏地暗，难分上下，法海便将凡人许仙当作人质来要挟白娘子放弃抵抗。白娘子是为爱情下山的，自然愿意为爱情牺牲自我，于是束手就擒，被法海镇压在了西湖边的雷峰塔下。从此，有情人被棒打鸳鸯，甚至许仙本人也被法海游说出家当了和尚。

《白蛇传》的故事先是民间传说，后来经过文人的艺术加工，情节渐渐丰富，细节也一点点被刻画出来。而现实中早已存在的杭州断桥、雷峰塔甚至包括远在镇江的金山寺，都让这个传说越来越有鼻子有眼，成为百姓津津乐道、戏台上常演不衰的剧目。

雷峰塔是一座佛塔，因晚霞镀塔、佛光普照而闻名。此塔于公元972年破土兴建，公元977年3月竣工，从出土石刻看，建塔主要是吴越王钱弘俶为了奉安佛螺髻发。塔为八角七层砖身木檐楼阁式佛塔。北宋年间遭战乱损毁，南宋时重修为八面五层。明嘉靖三十四年（1555），倭寇入侵杭州，疑塔中有伏兵，纵火焚塔，塔木结构檐廊等被毁，仅剩砖结构赭色塔身。后来，坊间开始流传塔砖可以驱病辟邪，于是就有人不断抽取塔砖，雷峰塔终不堪重负，于1924年9月25日轰然倒塌。作家鲁迅听说之后，还写了一篇《论雷峰塔的倒掉》的杂文进行了一番评说，文中还结合了他幼时就听过的《白蛇传》，疾言厉色地批判了一番代表着"封建恶势力"的法海之流，并为此塔的倒塌而拊掌称快。

塔倒之后，还有个意外的发现，那就是塔的上层有许多塔砖的侧面有一圆孔，下端不通，孔口有木塞，孔

地有湖山美

HANG ZHOU

内藏有经卷，人们于是称其为"藏经砖"。经专家研究称，这些经卷用白棉纸或竹纸木刻雕版印刷而成，外裹以黄绢，再用锦带束缚，应该是吴越王钱弘俶当年在建塔时特意藏于塔身的礼佛供养之物。

如果从历代的书画和近代的摄影作品中去查对，会发现雷峰塔曾历经几度兴废，外形的变化也十分大。如今更是以新塔包旧塔的崭新形象对四海宾客敞开了怀抱。

有关"西湖十景"，不仅有民间传说故事，还有奇妙的物理学知识。比如"南屏晚钟"。

南屏山在西湖南岸，玉皇山北，九曜山东。主峰高百米，林木繁茂，石壁如屏，北麓山脚下是净慈寺，傍晚时分，寺里的钟声敲响，清越悠扬之声久久回荡。如果深究其物理原理，会发现这钟声确实有说法：南屏山一带的山岭由石灰岩构成，山体多孔穴，加以山峰岩壁立若屏风，每当净慈寺晚钟敲响，钟声产生的声波就传到山壁上，岩石、洞穴等加速了声波的振动，振幅急剧增大后就形成了共振效应。岩石、洞穴随之产生音响回波情况，增强了声音的共鸣。同时，钟声还以相同的频率在西湖水面上传播，直达对岸的宝石山，碰上由火成岩构成的葛岭后，回波跌宕，并在天地间交响混合，共振齐鸣，悠远清扬，经久不息。此时，在西湖水域的游人就仿佛听到了来自佛国的缥缈清音，南屏晚钟因而显得不同凡响。它与雷峰夕照隔路相对，塔影与钟声共同组成了"西湖十景"中最迷人的晚景。

上完了物理课，再来算一道数学题：中秋月圆之夜，在"三潭印月"的三座石塔内点亮灯烛，烛光通过五个圆形孔洞透出来并投映在湖面上，这时，一共能看到多少个月亮？据杭州当地人称，连空中月、塔中月，加上

〔明〕戴进《南屏雅集图》（局部）

水中月，以及赏月人的心中月，一共有三十三个月亮！

自古人们就爱把"风花雪月"四种景观并列为大自然的四美，杭州的古"西湖十景"也不例外，基本每个题名都侧重于展现"风花雪月"之一种，它们蕴含了千百年来中国传统文化的审美共识，故而能穿越岁月，历久弥新。

清雍正时期的浙江总督李卫在大力疏浚西湖的同时，还主持编纂了关于西湖的最权威的志书《西湖志》。此外，他还非常注重开发当地的旅游资源，主持推出了一个新"西湖十八景"名单，依次是：湖山春社、功德崇坊、玉带晴虹、海霞西爽、梅林归鹤、鱼沼秋蓉、莲池松舍、

宝石凤亭、亭湾骑射、蕉石鸣琴、玉泉鱼跃、凤岭松涛、
湖心平眺、吴山大观、天竺香市、云栖梵径、韬光观海、
西溪探梅。其实细究起来，这其中的一些景点已远离西湖，
故而也有人将其称为"杭州十八景"。

　　到了乾隆时期，杭州当地人除了沿用以上十八景中
的十三景（湖山春社、宝石凤亭、玉带晴虹、吴山大观、
梅林归鹤、湖心平眺、蕉石鸣琴、玉泉鱼跃、凤岭松涛、
天竺香市、韬光观海、云栖梵径、西溪探梅）之外，又
据乾隆遍游西湖周边山水寺观期间的题额名号，增补了
新的十一景（黄龙积翠、小有天园、漪园湖亭、留余山
居、篁岭卷阿、吟香别业、瑞石古洞、香台普观、六和塔、
澄观台、述古堂），最终，由众人的集体智慧，催生出

了清代版的"杭州二十四景"。

时光匆匆,"西湖十景"的内涵与外延都在不断拓展。尤其是近些年来,杭州市政府又两度面向社会广泛征集,增补了新的"西湖十景"名单,直到目前形成了更为全面完善的"西湖三十景"。

增补的1985年版"新西湖十景"分别为:吴山天风、满陇桂雨、玉皇飞云、云栖竹径、九溪烟树、黄龙吐翠、龙井问茶、虎跑梦泉、阮墩环碧、宝石流霞。

新增补的2007年版"西湖十景"分别为:灵隐禅踪、六和听涛、岳墓栖霞、湖滨晴雨、钱祠表忠、万松书缘、杨堤景行、三台云水、梅坞春早、北街梦寻。

时代的发展,经济的繁荣,文化的兴盛,让古老的景观题名文化再度焕发出了勃勃生机,也为杭州的旅游文化注入了更多全新的内容,更让西湖的绝美景致广为人知。而如今拓展出来的"西湖三十景"更是将西湖及其周边的美景都囊括其中,做了一个很好的打包宣传。这三十处景致,错落点缀在杭州的远山近水之间,静待大家按图索骥,去逐一探访它们的芳踪,用心体会它们的风韵。

第四章

孤山往事

楼台耸碧岑，一径入湖心

——它是山，也是岛，更是遍布人文遗迹的西湖之精华

孤山的优美景致早在唐宋时期已闻名遐迩，唐代白居易有"孤山寺北贾亭西，水面初平云脚低"的名句，元末明初的凌云翰有"冻木晨闻尾毕逋，孤山景好胜披图"的盛赞，《孤山志》中有"钱塘之胜在西湖，西湖之奇在孤山"的评价，有了这些好口碑，孤山自然得以名满天下。

孤山一度成为康熙、乾隆出巡的驻跸之所，清代曾在孤山修建皇家行宫及御花园。今日虽仅剩残迹，但依然可以遥想当年的盛况。

康熙当年的行宫在雍正朝时被改作圣因寺。等到乾隆时期，人们又在圣因寺的近旁新修了一处园林作为乾隆的行宫。这处行宫在清咸丰十一年（1861）被毁。民国后，此处虽被改名为中山公园，但园内主要呈现的还是当年残留的亭阁础石遗迹。根据杭州市文物考古研究所编写的《清西湖行宫遗址调查报告》，清朝乾隆西湖行宫及其后苑的范围大致为：南至西湖，北至孤山山脊，东至今浙江省博物馆孤山馆区，西面应包括今浙江图书馆孤山馆舍。行宫主体应包括文澜阁、中山公园和浙江图书馆孤山馆舍。

人们常说"孤山不孤",不仅是指它与外界交通便利,不需乘船即可沿长堤自由出入,更是指此处的自然风光旖旎,人文景点密布。比如现存的有"西湖十景"之一的平湖秋月、纪念宋代学者欧阳修的六一泉、清代七大书阁之一的文澜阁、百年老店楼外楼、著名的金石篆刻学术社团西泠印社、北宋隐逸诗人林和靖的放鹤亭等,都在这座岛屿之上。此外还有半山坡上的四照亭,以及众多的名人古墓也散布孤山各处,比如林和靖墓、秋瑾墓、苏曼殊墓遗址,以及林启、潘天寿、陈其美、鲁迅等多位名人的塑像。以上列举仅为目前有迹可循的景点,而那些被历史变迁遮盖掉的文化景观又不知有几许。

1994 年,在孤山东麓一处名为"财神院"的民居院落内,曾挖出一块"敬一书院界"的碑石。研究者们一查史料才得知,敬一书院始建于清康熙二十四年(1685),创建者是当时的浙江巡抚赵士麟。赵士麟创设敬一书院,可说是继承发扬了在西湖山水之间读书、教人、育才的风气。敬一书院每月初一聚集绅士、耆老及有名望之辈,切磋学问,每月十五则由儒师讲学。赵士麟离任后,杭城百姓于书院旧址设祠祀之,敬一书院遂改名为"赵公祠"。清咸丰十一年(1861),赵公祠损毁,逐渐不为人知。后来的百姓见祠屋名称与财神"赵公明"同名,便把它当作"财神殿"来供奉,而敬一书院的本名居然就这样被人遗忘了。1998 年,敬一书院被重新命名并重修,杭州市园林文物局将其辟为游览场所,以纪念孤山那段谈笑有鸿儒,往来无白丁的岁月。

孤山可见和可考的还有众多的楼阁殿宇,其中有许多场所已彻底被历史的风烟吹散,连遗迹都难以寻觅了。历史有时就是这样以重重叠叠的面目展现在人们面前,从这个角度看,孤山一直在人们的视野当中,它从未沉寂过,所以,它并不孤单。

孤山

孤山人文底蕴深厚，是个装满了故事的小岛，简单
梳理一下，就能找到以下这些动人的往事。

孤山来客

孤山寺（广化寺）位于杭州西湖孤山岛上，于南北
朝时期建，初名永福，宋时改名广化。该寺有 1400 余年
历史，是西湖畔有文字可考的最古老的寺庙。元稹、白
居易、苏东坡、林和靖、俞樾等众多文豪皆有诗文赞之。

其中白居易对孤山的感情尤其深厚，他任杭州刺史
时曾特意在孤山建起竹阁，以方便他在这一带游赏停留。
风景好，心情就好，心情好，诗兴也就大发了，单单是
以孤山为主题的名作，他就留下了好几首，包括那首脍
炙人口的《钱塘湖春行》，诗中，他策马游春的起点就
是孤山寺。

都说"元白"二人关系铁，他们二人在杭州的一次重聚就是明证。唐长庆四年（824），元稹从宰相之位退任浙东观察使兼越州（今绍兴）刺史，上任途中，他专程到杭州来看望挚友白居易。久别重逢的元、白二人，虽已不是当年在京中一同共事的青年同伴，但一直是多年来不离不弃的知己，在这段忘却了烦忧的日子里，二人诗酒酬唱，尽情流连于西湖山水之间。不知为何，每逢他俩出行，总有杭州百姓要前来围观，白居易有点不解，于是就问围观的百姓，大家是不是来看元宰相这个大官的呀？可是大家却回答，不是的，我们是来看传说中"情比金坚"的"元白"的。可见"元白"这对"CP"（组合）在当时多么令人喜闻乐见，而他们之间的旷世友情确实质比金坚，直到千年之后的今天，关于他们之间的故事依旧还在流传。

孤山如果只有白居易，显然有点孤单，但元稹的到访，让孤山也暂时不孤了，甚至它还见证了他们那段把酒言欢、彻夜长谈、共游芳丛的美好而短暂的相聚时光。

梅妻鹤子

林逋（967—1028），字君复，后人称为和靖先生、林和靖，奉化大里黄贤村人，北宋著名隐逸诗人。他幼时刻苦好学，通晓经史百家。书中记载，他生性孤高自好，喜恬淡，不趋荣利。曾漫游江淮间，后隐居杭州西湖，结庐孤山。在此地隐居期间，常自驾小舟遍游西湖诸寺庙，与高僧诗友相往还。有时他不在家，有客至，门童便会纵鹤放飞，通报消息，林逋见鹤必棹舟归来待客。林逋作诗还有一个习惯，那就是总觉得更好的是下一首，于是随写随弃，从不留存。他去世那年，有两位在朝做官的侄子林彰（朝散大夫）和林彬（盈州令）同至杭州，治丧尽礼。宋仁宗还赐谥"和靖先生"。明朝的张岱在《西湖梦寻》中说，南宋灭亡后，有盗墓贼挖开林逋的坟墓，只找到一个端砚和一支玉簪。此番叙述颇引人神思，似乎林逋早已羽化飞升，超然于外。

在林逋的身上，有一种与俗世中人格格不入的特质，比如自古有言"不孝有三，无后为大"，但林逋偏偏不结婚，更无子；自古人们信奉"学成文武艺，货与帝王家"，但林逋才高八斗，却终生拒仕，唯喜植梅养鹤，并自谓"以梅为妻，以鹤为子"。这样散淡的个性放在某些文人地位低下的朝代或许可以理解，但林逋恰恰生活在知识分子待遇最好的北宋真、仁年间，因此，他的取舍便更多添了几分不入俗流的清高气质，即使在千年之后的今天再去看，他的"不娶不仕"，依然是一种独特的存在。从某种程度上说，林逋的这种气质，与孤山之"孤"形成了一种内在的呼应，他俨然成为孤山最好的形象代言人，而美丽的孤山也恰到好处地安放了他那颗隐逸超凡的心灵，吸引了无数后来者前来拜谒、感怀。林逋所代表的隐士风骨，不知被多少为世间名利所羁绊的人们所向往。

孤山现存的放鹤亭和林和靖先生墓，以及那一丛丛苍劲的老梅，共同诉说着一千年前的那段隐士风流。

萧照画壁

相传，萧照是山西阳城人，他在北宋末年流落至杭州，后来成了南宋朝廷的一名画院待诏。他擅长画山水、人物、松石，据说有"景会意先，笔游神外"之妙。

萧照画壁的故事，一直作为画史上的美谈而流传于世。

孤山是一处赏梅胜地，相传宋高宗常至此地赏梅，为了便于休息，他就命人修建了一座凉堂。凉堂四壁高约三丈，办事官员原拟请某个资深的宫廷画师在壁上作画，但怎奈人家没有"档期"，于是只能四壁一片雪白等着画师。一日，宋高宗突然临时下旨第二天要去凉堂参观，这可愁坏了负责督办此事的官员，情急之中，他突然想到了"快手"萧照。萧照听闻此事，很是仗义，欣然应允，但他提出需为他准备四斗宫制好酒，这个当然好说，照办就是。当天晚上，萧照背着画笔颜料信步来到孤山凉堂。正是更深夜静之时，远远地从宫城里传来更鼓声，但见萧照不慌不忙，每一通更鼓响过，先痛饮一斗，接着就面壁挥毫。四更鼓尽，四斗酒亦尽，四壁的画也大功告成。再看此时的他，早已酩酊大醉，只能被人抬着送回了住所。天亮了，宋高宗准时驾临凉堂，环视四壁颜料未干的山水画，不禁大加赞赏。当他得知这是画师萧照酒后的手笔之后，连呼高妙，还下旨赏赐了萧照。

文澜藏书

文澜阁位于杭州西湖孤山南麓，现浙江省博物馆内。文澜阁初建于清乾隆四十七年（1782），是为珍藏《四库全书》而专门建起的七大藏书阁之一，也是江南三阁中目前唯一的"幸存者"。文澜阁是一处典型的江南庭园建筑，园内亭廊、池桥、假山叠石互为凭借，贯通一起，主体建筑仿宁波天一阁，是重檐歇山式。

当年，《四库全书》告成，先抄了四部，分别藏于紫禁城文渊阁、圆明园文源阁、奉天文溯阁和热河文津阁，它们被人们合称为"内廷四阁"。后乾隆皇帝因"江浙人文渊薮，允宜广布，以光文昭"，又命人续抄了三部，分别藏于扬州文汇阁、镇江文宗阁和杭州文澜阁，是为"江南三阁"。现江南三阁唯文澜阁及所藏《四库全书》存世，被称作"东南瑰宝"。

不过，杭州文澜阁《四库全书》也曾遭遇事关存亡的危急时刻，多亏了几代侠肝义胆的人，才使它得以幸存下来。

事情要从清咸丰十一年（1861）说起。那一年，有战争波及杭州，西湖上打起了水仗，孤山也未能幸免，清行宫在一把大火中被毁，而作为清政府官方图书馆的文澜阁也遭损毁，里面的书籍开始散落各处。不久之后，多亏了出身书香门第的钱塘人丁申、丁丙两兄弟，战乱当中，他们正好避祸于杭州城西。一次上街购物，他们偶然发现某间商铺用于包装的纸张竟是钤有玺印的《四库全书》书页，这使他们大惊失色。在敬惜字纸的年代，这无论如何都是一件让人痛心疾首的事情，何况还是本应深藏在文澜阁中的珍本库书。

文澜阁本流落民间的事实让丁氏兄弟心急如焚，于是，二人马上采取了行动，他们不顾战乱，不断收集残籍予以保护，并雇人每日沿街收购散失的书本。如此半年，他们散尽家财，抢救并购回阁书8689册，占全部文澜阁本的四分之一。

那剩下丢失了的四分之三怎么办？抄补！一项浩繁的抄书工程在浙江巡抚谭钟麟的大力支持下开始了。丁氏兄弟从江南多位藏书名家处借书，招募了100多人进行抄写，共抄书26000余册。这项浩大的工程历时7年才得以完成，丁氏兄弟的一桩心愿也才算了结。光绪八年（1882），文澜阁的建筑也得到了修缮，丁氏兄弟于是就将补抄后的《四库全书》全部归还了文澜阁。后来，在抗日战争期间，这批书籍被运往贵州、重庆，才躲过

文澜阁御碑亭

了侵略者的魔爪。文澜阁《四库全书》历经数次劫难，能得保存，这在中国乃至世界的藏书史上都算是个奇迹。

记载在书籍上的文明其实是无比脆弱易失的，但正因为有这样赤诚的有识之士，我们才能在今天拥有这样的国宝级古籍。从某种意义上说，可谓"孤山藏孤本，文明永续传"。

精舍春秋

清嘉庆二年（1797），杭州孤山南麓新修起一片房舍，不少省内知名的学者都被浙江学政召集而来，为的是编修一本名为《经籍籑诂》的书。书成之后的嘉庆五年（1800），这位学政升任浙江巡抚，他马不停蹄开始疏浚西湖，并依托当年《经籍籑诂》的编辑部旧址，创立了清代中晚期浙江的最高学府"诂经精舍"，此人正是实干家阮元。诂经精舍将全省"文行兼长之士"都集中在一起搞研究做学问，还开创性地出版了他们自己的学报——《诂经精舍文集》，重点展示精舍的教学与研究成果。天文、算学、地理等长期居于传统学术视野边缘的科技内容，在这里得到了少有的重视，其中甚至还有一些西学内容。

清嘉庆十四年（1809），因一件科场舞弊案，阮元被问以失察之过，革去浙江巡抚之职，但因官声较好，赏给编修，可惜的是阮元自此黯然离浙，精舍便也无人主持，又无经费，遂停废。直到清道光十年（1830），才在一位当年精舍的学生胡敬的呼吁下，得以修缮恢复。时任浙江巡抚富呢扬阿，给精舍重新核定了编制，扩大了办学规模，他自己还分内、外课亲加课试，于是精舍始渐中兴。

二十多年后，第二次鸦片战争爆发，精舍只能再度停办。好在，清同治五年（1866），布政使蒋益澧捐资重建了精舍，并延聘了经学名家俞樾来杭担任精舍讲席，此后俞樾掌教三十余年。精舍名声在外，省内其他三所书院（敷文、崇文、紫阳）的学子都愿意转学来这儿。他们为什么要择校？当然是因为升学率（中举率）高啊！

到了光绪二十三年（1897），浙江巡抚廖寿丰实行了"院系调整"，将杭州敷文、崇文、紫阳、诂经、学海、东城等六所书院酌筹改并，另设专课中西实学的求是书院（此即浙江大学前身）。诂经精舍虽有俞樾勉力支撑，但生源骤减，经费不足。一年后，俞樾辞聘而去。此后，黄体芳、谭献、汪鸣銮等先后担任掌教。光绪三十年（1904），浙江新式学堂渐成主流，诂经精舍圆满地完成了它的历史使命。但毫无疑问，它不仅在清代浙江教育史上留下了光辉的一页，也对东南各省学风有着良好的示范作用，并进而辐射全国，以先进的办学理念享誉神州。

今天，虽然已经听不到孤山上传来的琅琅书声，但诂经精舍留下的宝贵精神财富，几代教育家的辛勤耕耘和远见卓识将永远为后人所敬仰。

俞氏情深

俞樾（1821—1907），字荫甫，自号曲园居士，浙江德清城关乡南埭村人。清末著名学者、文学家、经学家、古文字学家、书法家。自同治至光绪，俞樾曾在位于孤山的诂经精舍掌教三十多年，他的住所俞楼见证了他在杭城专研治学、孜孜以求、桃李遍天下的岁月，而他与结发妻子的相濡以沫也成为一段辛酸的爱情佳话。

俞夫人姚氏人到中年，便因多年生活困顿而早早出现衰老现象。一次，她有颗牙齿脱落下来，俞樾很是心疼，便细心地收藏起来，谁料不久之后，体弱的夫人竟撒手人寰离他而去。此后，晚景凄凉的俞樾在丧妻后又遭丧子的沉重打击，牙齿也开始脱落。于是，他便在俞楼后面挖下"双齿冢"，将亡妻和自己的落齿一并葬下，还写下了"他日好留蓬颗在，当年同咬菜根来"的悲情诗句，用来寄托对妻子的一腔爱意。孤山，就这样见证了俞樾独自生活的二十八年光阴。当然，它也最终见证了与俞楼遥遥相对的三台山上，俞氏伉俪最终在泉下的永久重逢。

故事讲完了，但似乎都指向同一个字——孤。孤山，不知在西湖之上沉静了多少年，也不知它望见过多少回明月洒下的一湖清辉，而它的明秀风光更不知吸引了多

孤山

少文人雅士前来探访它、亲近它、经营它。有了热爱它的人，它应该就是不孤的。但它坚守本性，不改独秀的风标，始终以一种遗世独立的气质静静地伫立在这一片湖山胜境之中，能达到这样一种"孤"的境界也是值得我们景仰的吧。

第五章

宝石流霞

保俶清秀草木深，宝石流霞满乾坤
——保俶塔保住的和没能保住的

濒临西湖北岸的宝石山无疑是西湖周边最特别的一座山。此山并不高大，但山石姿态各异，威武险峻，且颜色如赭，令人百看不厌。特别是在古代，山上没有多少植被，一经阳光照射，此山更加显得耀眼。近年来，经专家研究认定，宝石山上的红色石头在地质学上应该叫作"碧玉"，它通常出现在火山口附近。经地质分析后得出结论，大约在 1.5 亿年前，杭州曾发生过强烈的火山喷发，火山口正是在宝石山这一带，所以"碧玉"只在宝石山上才有，近旁的葛岭、孤山均看不到。

宝石山坐北朝南，山势奇崛，且临着碧波荡漾的西湖水，堪称风水宝地。事实上也的确如此，自唐至清的近千年时间里，这里都是楼阁四起、庙宇遍布、香火鼎盛。不过在历朝帝王尊佛与抑佛政策交替施行的历史轮回中，不少寺庙被毁或改作他用，再加上战乱侵扰和岁月沧桑，许多昨日的辉煌已被磨去光彩，但唯有娉婷的保俶塔在宝石山巅一枝独秀，衬起了西湖北岸的一道美丽天际线。

宝石山山形独特，山上遗迹众多，虽有不少已被岁月无情地湮没，但亦有不少动人的故事一直流传至今。

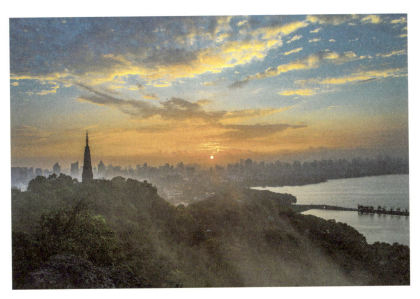

宝石流霞

秦皇系缆

葛仙岭西大石头，祖龙东来曾系舟。[1]

据史书记载，公元前 210 年，秦始皇南巡会稽郡（今绍兴一带），祭大禹，船行至钱唐，因钱唐江口风恶浪高，便停泊在宝石山下，将船缆系在一块大石上，后来民间将其称作"秦皇系缆石"。

五代后周显德三年（956），吴越国王在秦皇系缆石附近兴建僧院，当时曾琢二石佛于此，故曰"二尊殿"。该殿在北宋宣和年间（1119—1125）被毁。

①〔明〕张奕所作诗，诗名未知。

大石佛院

钱塘门外好停舟，士女争看大佛头。[①]

话说秦皇系缆石安然兀立千年，却在北宋时被一个小孩子看见了，他当时就对旁人说，等我长大了，要把这块石头镌刻成一个佛头。

这个小孩子的戏言，谁也没当真，但这个喻姓的孩子长大后，越来越显现出与众不同之处，比如他特别擅长画弥勒佛。而且他还一直惦记着宝石山上的那块大石头，历经重重艰难，终于得偿所愿。

北宋宣和六年（1124），这个姓喻的小孩子已是著名僧人思净，按他的设计方案，众工匠将木头嵌入秦皇系缆石，制作了一尊弥勒大佛半身像，外表饰以黄金，并上盖大殿，此处即大石佛院，后世俗称大佛寺。这尊半身石像高约十米，约五分之三为佛头，五分之二为佛肩部，与身后的天然岩山连在一起，故而人们将其形容为"山是一尊佛，佛是一座山"。这种连山石造像并非孤例，还有四川的乐山大佛，以及山西太原的蒙山大佛等。

南宋亡后，大佛被毁，寺庙荒废，此处只剩一块千疮百孔的巨石。到了明代有部分恢复，先是永乐年间（1403—1424），由志琳和尚重建了寺院，明成祖朱棣赐额"大佛禅寺"。到了明宣德年间（1426—1435），在皇帝的直接关心下，重建了楼阁以庇护大佛。再到明弘治四年（1491），在永安和尚的主持下，又重新修补恢复了"金装大石佛"。佛像落成那天，人们奔走相告，纷纷前来瞻仰。

① 〔清〕张云璈所作诗，诗名未知。

但不幸的是，该大殿在太平天国时期再度被毁，原有的大佛头又重新脱落。战争过后，已是晚清年间，当地官员、僧众虽有心却再没有经济实力来重修它了。

该遗址西侧弥勒院为清同治年间（1862—1874）重建的木结构建筑。寺院东部现存半身石佛残迹、5 尊东壁摩崖造像、明代题刻及清代乾隆皇帝题诗遗迹。假如不知道这段历史，当我们在宝石山上看到那块千疮百孔的巨石时，一定会对它不屑一顾吧。

十三间楼

游人都上十三楼。不羡竹西歌吹、古扬州。[1]

十三间楼的全称为"十三间楼石佛院"，由吴越王钱氏家族所建，也是宝石山上较早兴建的一处建筑，据考证比保俶塔还要早六年建成。南宋吴自牧《梦粱录》中写道："大佛头石山后名十三间楼，乃东坡守杭日多游此，今为相严院矣。"苏轼确实在十三间楼多有盘桓，这里既做过苏市长疏浚西湖的"指挥部"，也做过救治百姓的慈善所，可以说是府衙以外，苏轼苏大人最喜欢的一个"办事处"，从他所填的《南歌子》词中，我们可以间接地感受一下十三间楼在北宋时期的丰姿。因苏轼对十三间楼的盛赞，所以后代的文人们都喜欢登上这座依山临湖的佛院，去感受先贤的情怀。因而，十三间楼也就顺理成章成为宝石山上的名胜，不断被人们写进诗文中。南宋初年，陈渊在《邓端友临要阁五首》中的一首中写道："昔年曾到十三楼，一日西湖十顷秋。寒碧轩中最宜暑，只缘修竹近清流。"

清代张文虎在《十三间楼校书记》中，记录了他在十三间楼度过的一段难忘时光。那是在 1840 年前后，校

[1]〔宋〕苏轼《南歌子》

勘家钱熙泰、张文虎、瞿世瑛等先后两次赴文澜阁抄校《四库全书》时，正是住在十三间楼，他们来杭后大部分时间就在此院内抄校浩瀚的库书。那时，清代的十三间楼早已不是北宋时的格局，而是依照前朝人们所述，找到了大致的方位，依着山势盖了一座三层的建筑。可惜的是，清代的十三间楼在今日也已荡然无存。

文字的力量是强大的、不可摧毁的，在今天看来，这座只存在于诗词文章中的十三间楼，依旧那样令人神往。

留余草堂

留余草堂也是宝石山上的一处传说中的建筑。清光绪二十年（1894），浙江南浔人刘锦藻进士及第，但他不忘继承祖业，一生既经商，又从政，还是一位文献学研究专家，堪称一位跨界高手。他著有《清朝续文献通考》400 卷，为"十通"之一，在中国文献学上占有重要地位。他在杭州的住所就是宝石山上的坚匏别墅，他的儿子"富四代"刘承干不仅继承了祖上的万贯家产，同时也继承了父亲刘锦藻的学问和爱书的禀性，每遇孤本奇珍，往往一掷千金。据说，他家修建坚匏别墅群只用了 10 万银元，可他光四处买书就花费了 80 万银元。每遇古籍善本，必得之而后快，而且会找人照原样刻印出来，以免失传。因此刘家"坚匏庵"内的藏书终于多到放不下了，刘承干就在坚匏别墅近旁新购置了一处院落，专做藏书之所，这正是留余草堂。刘承干是一位大家公认的"书痴"，但他却十分难得地喜欢与他人分享，他有个习惯，有人上他家去看书，他不仅笑脸相迎，不收费用，还为来人免费提供食宿。后来，留余草堂的藏书全部捐赠给了浙江图书馆，自然也成了今日浙图的镇馆之宝。

如今坚匏别墅还在，留余草堂却在 1949 年后已被拆掉了。它们恰好与大佛寺毗邻，共同诉说着宝石山上的悠悠往事。

保俶塔影

有些东西永远消散了，有些东西却很幸运地保留了下来。比如宝石山上的地标建筑保俶塔，虽历经劫难，修了毁，毁了修，但它的名称和基本的位置一直都没变。

保俶塔，又名保叔塔、宝石塔、宝所塔、保所塔，是全国重点文物保护单位。保俶塔初建于公元 948 年至公元 960 年间，由吴延爽主持兴建，共有九级。该塔历经宋、元、明、清四朝六次重修。在乾隆五十四年（1789）的一次重修中，人们在塔下发现了记录着吴越国时期吴延爽造塔过程的残碑，这成为考证此塔历史的最主要的实物证明。

说到杭州的城市发展史，离不开吴越王钱氏家族七十余年的苦心经营。中国在由唐向宋的历史进程中，经历了一个纷繁复杂的五代十国时期。在天下大势的分分合合之间，各地难免烽烟四起，生灵涂炭，但吴越国所在的江南沿海一带却迎来了少有的安定平稳发展时期。奠定这一稳定局面的当推首代吴越王钱镠。之后的四世吴越王大都沿袭了钱镠的治国方略，较好地执行了可靠的联盟与外交策略，还大力发展手工业及对外贸易。几代吴越王均注重休养生息，为发展吴越国而"善事中原"，无论中原朝代如何更迭，吴越国总是第一时间尊其为正统，交纳厚贡。

然而，这种微妙的外交平衡还是在北宋初期被打破了。赵匡胤自陈桥兵变后，四方征战，南方各国纷纷战败投降。眼见宋王朝的疆域不断扩大，最后一任吴越王钱弘俶做出了一个艰难的决定，那就是尽献十三州之土，归降宋朝，因此宋王朝兵不血刃，就取得了吴越国的这一片国土。钱弘俶能够审时度势，遵循先宗武肃王钱镠的遗训，以天下苍生安危为念，以"重民轻土"的博大胸襟成就了一段顾全大局、中华一统的历史佳话，值得我们赞赏。而与他同时期的南唐后主李煜就没那么幸运了，他在位时贪图享乐、荒废国政，兵败投降后，还不断发牢骚，以一句"问君能有几多愁"在文学史上留下亡国之叹后，就被宋太宗赵光义赐死了。

据载，钱弘俶最初归宋时，还是宋太祖赵匡胤当朝，他携带家人上京，入朝表贺，纳土称臣。这一切赵匡胤全都看在眼里。在君臣二人的一次酒宴中，赵匡胤曾对钱弘俶说："终我一世，必不杀钱王。"自古道，君无戏言，听了赵匡胤的这句承诺，钱弘俶的心安了不少。他们一家在汴梁住了两个月后，赵匡胤就放他们回杭州了。临走时，赵匡胤还赐了钱弘俶一件黄皮书卷，封存得很密实，吩咐他在路上再打开来看。回程中，钱弘俶打开一看，发现全是朝中的大臣们劝皇帝把钱弘俶一家质押在京城的奏章。钱弘俶顿时又是感慨又是惊恐。回杭后，他马上造塔还愿，感谢佛祖护佑他及全家人平安归来。此塔便是后来大家熟知的那座保俶塔了。

赵匡胤执政的开宝九年（976）十月，赵匡胤的弟弟晋王赵光义应诏从山西南下，回到都城汴梁。进城那天是十九日，赵光义回到府中稍事休息，便入宫去觐见皇帝哥哥。在这个秋意萧索的夜晚，兄弟二人久别重逢，相对谈饮竟至深夜。见天色太晚，赵匡胤就邀请赵光义与他一起共宿宫中。二十日清晨，赵匡胤竟突发疾病驾崩！二十一日，晋王赵光义即位，是为宋太宗。

两年后的太平兴国三年（978），疑心病发作的宋太宗赵光义命钱弘俶全家迁离杭州，定居于汴梁。钱氏一家领了这道圣旨后不敢有丝毫怠慢，赶忙收拾家当往京城去了。他们此去京城，一住就是十年。十年后的一天，正逢钱弘俶六十岁寿诞，皇帝赵光义假惺惺地给他送去了贺寿的食品，不料诡异的事情又一次发生了，钱弘俶吃完了御赐，便毒发身亡了。当年赵匡胤是否是赵光义所毒杀，没有证据。但据文献记载，上位后的赵光义，很喜欢下毒，比如后蜀国主孟昶、南唐国主李煜，以及吴越王钱弘俶，都是在投降北宋后，被宋太宗赵光义下毒毒死的。

历史就是这样残酷，钱弘俶是诚心献土归顺，也一直在谨慎地侍奉中央政权，但为了打消继任皇帝赵光义的顾虑，钱家老小离开家园，搬到了天子脚下，可即便这样，依然难以打消赵光义的顾虑。因此，赵光义堪称是一个冷血帝王。而他生平的所作所为与是非曲直，后人自会判断分明。

钱弘俶毕生崇信佛教，在杭州各处广建佛塔，著名的六和塔、保俶塔皆为其造，声名显赫的雷峰塔同样也是钱弘俶崇信佛教的体现。纵观吴越国七十余年历史，在杭州境内兴建了一百五十多座寺院与数十座塔幢，为杭州成为著名的佛教风景胜地奠定了基础，也正是因此，经过钱氏家族的多年经营，杭州有了"东南佛国"的美誉。

钱弘俶被害一事，让人觉得似乎保俶塔白修了，但如果我们换一个角度来看，就会发现，钱弘俶以一己的牺牲，成全了钱氏一族百代的兴旺。事实证明，钱氏虽遭宋皇背弃，但宋皇也不敢赶尽杀绝。因此钱家后裔繁茂，人杰辈出，有颇多青史留名的能人贤士。比如离我们最近的便有如雷贯耳的科学界钱氏三杰——钱学森、

雾锁杭城

钱三强和钱伟长，此外还有钱穆、钱钟书等文化名家，这些名字无一不令人肃然起敬。

此外，钱家流传下来的《钱氏家训》也为人所称道，其中既有教化儿孙后辈之词，亦颇多人生智慧之语。例如"心术不可得罪于天地，言行皆当无愧于圣贤""娶媳求淑女，勿计妆奁。嫁女择佳婿，勿慕富贵""修桥路以利从行，造河船以济众渡。兴启蒙之义塾，设积谷之社仓"等句，今天读来依旧能令人有所受益。

赵钱孙李

《百家姓》想必大家都听说过，几乎人人都能背出它

的前几句。这本流传至今的《百家姓》，就诞生在宋朝初年的吴越国里，据推断应该出自钱塘地区的一个书生之手。

先看首句的"赵钱孙李"，当时，虽然自己的国王姓"钱"，但小书生也不敢犯上把"钱"姓摆在第一位，而是把宋朝皇帝的"赵"姓排在了第一，而把"钱"姓排第二位。"孙"是钱弘俶正妻的姓氏，而"李"则是吴越的邻国"南唐"的"国姓"（这个理由似乎有一点点牵强，因此，我们不妨大胆猜测一下，说不定，"李"姓正是那位著作权所有人的姓）。接下来的"周吴郑王"，被大家公认为是钱弘俶四位妃子的姓氏。如此看来，这部《百家姓》的顺序也不是随便排的。

这本《百家姓》，巧妙地将常见的姓氏编成四字一句、两句一韵的短文，读来朗朗上口，易学好记，流传广泛，影响深远。其与后来的《三字经》《千字文》并称"三百千"，成为流传至今的中国传统文化当中的幼儿启蒙类读本。

宝石山的辉煌至少自吴越国时期就已开始，直到清代末期才渐渐沉寂，在近千年的历史中，这一处小小的"红色宝地"坐北朝南，俯视着眼前的湖山胜景，不知见证了多少荣枯与悲喜。那些曾经名噪一时的建筑、寺庙、佛像，历经几番兴替，终是被无情的时光所湮灭。今天，当我们漫步山间时，偶遇的那些被岁月摧残的摩崖造像和文字漫漶不清的碑刻，以及抬头即见的风姿绰约的保俶塔，似乎都在无声地诉说着一段段久远的故事。

———

第六章

葛岭疑云

得道葛稚川，失道贾秋壑
——亦真亦幻、众说纷纭的葛岭故事

东晋年间，有位精通丹药之术的道士，在游历途中路过钱塘。他见宝石山山体颜色如丹，山上木石幽邃，风景奇特，颇有灵气，便认定这里是修身养性、采药炼丹的好地方，于是就在山上寻了一处合适的地方，搭了一座茅草屋。在那里，他一边炼丹一边修道，同时，他还常为周边的百姓采药治病。他见人们平日里经常往来的山路崎岖难行，便在几个坡陡之处开山凿石，修路砌阶，极大地方便了山前山后的人们往来。在众人眼里，这是一个神仙般的人物，于是纷纷传扬他的事迹和美名。他，就是道教名人葛洪。

葛洪（约281—341），字稚川，号抱朴子，江苏丹阳句容人。其祖父葛系、父亲葛悌均曾在朝为官，但在他十三岁那年父亲去世，家道自此中落。在饥寒困厄之中，葛洪穷且益坚，田间劳作之余坚持读书自学，砍柴的钱都换了纸笔，实在不够用，他只能找根木棍在土墙上写字。没钱买书，他就奔波很远的路途去向别人借，可谓求知若渴。

葛洪的伯祖父葛玄曾师从炼丹家左慈学道，号葛仙公，以炼丹秘术传于弟子郑隐。葛洪约十六岁时拜郑隐为师，因潜心向学，深得郑隐器重。当时，正逢"八王之乱"，郑隐决定归隐山林不问世事，他的这种选择对葛洪后来的人生影响很大，因为他也开始向往出世而居、炼丹修道、著书立说的生活。

葛洪在杭州隐居修炼期间，为杭州百姓做了很多好事。他走后，受过他恩惠的杭州人民为了纪念他，就把他居住过的山岭称为葛岭，还在他盖过茅屋的地方建起了一座道观，用来祭祀他。这个道观原名就叫葛仙祠，元代遭兵火后被毁，明代修复后改名为玛瑙山居，清代重修后又定名为抱朴道院至今。可以说，葛岭的兴衰与道教在中国的兴衰是同步的。

葛洪在道教界颇受尊崇，因而，信众都愿意供奉他。而在众多供奉者中，还有求医问药的百姓，甚至还包括将葛洪奉为颜料行祖师爷的生意人。

抱朴道院

葛洪的一生，颇富传奇色彩，他曾经历过宦海沉浮，见证过人生的几度悲欢，最终他还是看破红尘，于是遵从梦想的召唤，与现实生活一刀两断，过上了自己真正想要的隐居世外的逍遥生活。在古代，像葛洪这样选择出世的隐士或许很多，但非常难得的是，他还是一位跨界的学者和奇才。在他传世的著作中，不仅涉及他学术理论体系的建设，在科学研究特别是医学研究等方面也颇有建树。所以说，葛洪是道教界著名的思想家、医学家和养生家。此外，他还因钻研炼丹技艺而兼有了化学家的标签，故而有今人赞誉他为"中国的达·芬奇"。

葛洪学识广博，善于思考，也善于表达，他的著述甚多，但大部分已亡佚，不过，仅是流传至今的《神仙传》《肘后备急方》《抱朴子》（内外篇）等已非常了得，堪称经典。

在《抱朴子·外篇》中，他主要运用儒家思想表达文学观点和政治主张，还有许多篇目涉及为人、处事及治学之道，这是他早期广泛阅读典籍的思想成果。而他的《抱朴子·内篇》则是道教的经典著作，书中对炼丹养生方术做了系统的总结，从而为魏晋时代神仙道教的发展奠定了理论基础。

《肘后备急方》，即可悬于肘后以备急用的药方，类似于我们现在所说的"家庭急救手册"，它是中国第一部临床急救手册，也是一部中医治疗学专著。全书共8卷，70篇。书中收载了多种疾病，其中有很多是珍贵的医学资料。这部书中描写的天花症状，以及对于天花的危险性、传染性的描述，都是世界上最早的记载，而且描述得十分精确。他还记述过一种叫"尸注"的病，染上此病的人只觉得怕冷发烧，浑身乏力，精神恍惚，身体日渐消瘦，时间长了还会丧命，这正是现在我们所说的结核病，因此，葛洪也是我国最早观察和记载结核病的人。在这部书中，他十分注意研究急性传染病。古时人们管这类传染病叫"天刑"，百姓普遍认为这是天降的灾祸，人力无法抵御。葛洪却不认同，他指出，病是因外界的物质因素引起的，在没有微生物学的遥远古代，能有这样超前的医学思想，真是一件令人惊讶的事情。

众所周知，2015 年诺贝尔生理学或医学奖得主屠呦呦女士发现的治疗疟疾的青蒿素，就是受到葛洪医著《肘后备急方》所载"青蒿一握，以水二升渍，绞取汁，尽服之"的启发。所以说，像《肘后备急方》这样的中华医学历史文献，是先贤实践的总结和智慧的结晶，值得从事中医中药研究的工作者们不断去研究与探索。

《神仙传》则体现出了葛洪的文学创作水准，他所著的这部古代中国志怪小说集共十卷，书中收录了中国古代传说中的 92 位仙人的事迹，它以具体的人物、事迹阐释他的"神仙实有""仙学可致"的主旨。其中很多人物并不是道士，但均被葛洪"请入"了书中，该书也以想象丰富、记叙生动而著称。在这部书中，葛洪以讲好故事为目的，在精彩好读的故事中融入了许多理念。例如，之前大家对道教的认识还停留在只要服下足够高端名贵的丹药就能立刻飞升成仙的层面，而他在这部书中却谆谆告诫大家，修仙应当以"积善立功"为本，应"愍人之苦，赒人之急，救人之穷"，因此，这本书具有了劝善醒世的意义。从这个角度来看，葛洪对道教教义有了极大的提升和完善。

明代田汝成在《西湖游览志》中特意记载了北山一线的葛洪遗迹，有初阳台、葛翁井、葛仙翁墓，说葛洪在初阳台修真，"吸日月精华"，葛翁井则是葛洪投丹之所。关于这口葛翁井，还有一个神奇的传说：明宣德年间，天下大旱，这口井的井水见枯，于是就有人下井清挖重砌，结果在井下发现了一只石匣和四只石瓶。这只石匣极其牢固，难以打开，且人们也发现，如果把石匣拿掉，井水就会变得又臭又脏，不能饮用，可是如果把石匣再放回去，井水就又变得清冽如常了。此外，人们在打开的石瓶中找到了一些形状像是芡实的药丸。在场的人中，有好奇者尝了尝药丸，觉得没有什么气味就丢掉了。这时，正好有位姓施的渔翁路过，他也很好奇，就悄悄捡了一粒吃进了肚子里，结果，他竟然活到了一百零六岁。

由于年代久远，有关葛洪在葛岭的行踪大都属于"相传"，明确的史料实证较少，也有学者认为葛岭的得名源于葛洪的那位叔祖葛玄，抑或祖孙二人均在此地逗留修炼也未可知。不过，这儿的确非常适合修身炼丹，一是环境清幽，利于静心悟道，二是矿产资源丰富，便于炼丹家就地取材，葛氏两代大师均有过游历四方的经历，宝石山上随手可得的红色矿石对他们应该有极大的吸引力吧。

到了元代，有位画家叫王蒙，他有一幅名为《葛稚川移居图》的画作传世。画面中，描绘了葛洪携家眷移居广东罗浮山修道升仙的历史故事。画中的葛洪与鹿为伴，手执羽扇，身着道服，神态安详，他正回顾身后骑牛抱子的老妻，旁有一仆牵牛而行。虽然此画以山水为主，但画面上的各个人物姿态均非常生动写实，有着浓郁的生活气息，这在中国山水人物画的发展史上属于创举。

在存世的历代国画珍品中，还有不少画家也以《葛稚川移居图》为主题进行过创作。从这些作品中不难看出，在元代王蒙之后，葛稚川移居这个故事十分为文人雅士所喜爱。因为在这样的画作里，寄托了创作者们共同的避世情怀，他们向往远离尘嚣，希望过上一种简单清静、心有所向的生活。而画上所绘的葛洪最终的落脚处罗浮山，也就渐渐成了历代文人们向往的一处精神家园。

〔元〕王蒙《葛稚川移居图》（局部）

当然，葛岭不仅仅只留下了东晋道家巨擘葛洪一个人的足迹和故事。到了南宋时期，葛岭成了都城临安的后花园，这处宋高宗的御花园被命名为集芳园，后来又成了南宋末年权相贾似道的私人宅邸。

贾似道（1213—1275），字师宪，号悦生、秋壑，宋理宗时期的权臣。他是浙江天台屯桥松溪人，先是以父荫为嘉兴司仓、籍田令，后登进士，为宋理宗所看重，自此宦途显达。

咸淳九年（1273），襄樊城陷于来犯的元军之手。两年后，贾似道以精兵 13 万出师应战元军于丁家洲（今安徽铜陵东北江中），不料大败，于是他乘单舟逃奔扬州。他这种临阵脱逃、贪生怕死的行为遭到了群臣的弹劾，有些人认为贾似道应当以死谢罪。最终死罪还是被免，但他被贬为高州团练副使，循州安置。被贬之路上，行至漳州木棉庵，负责监押他的使臣是会稽县的一名县尉，名叫郑虎臣，他和当时的大多数人一样，对独断专权、骄奢淫逸的贾似道早已十分痛恨，加之眼见整个南宋朝廷已处于风雨飘摇之中，于是一怒之下替天行道，就结果了这个误国误民的奸相的性命。

在许多史料中，贾似道是个典型的反面人物。不少人认为他的发迹与升迁是凭借其姐姐是理宗宠妃这一层裙带关系。进入官场后，他一方面标榜自己的清廉，借鉴北宋范仲淹《岳阳楼记》中"先天下之忧而忧，后天下之乐而乐"的名句，给自己的园子取名为"后乐园"，但另一方面，他却在国难当头的危机中不思为国分忧，终日宴饮享乐，还给自己的屋子取名"半闲堂"，而且他作为一国之相，居然经常旷工，就这么随心所欲，却连皇帝也得让他三分。他的玩物丧志还有一个明证，那就是他本人写了中国调教蟋蟀之祖本的《秋虫谱》和《促织经》，书中提到的蟋蟀品种达一百三十多种，这个"蟋蟀大王"把心思都用在了这些玩乐上面，哪里还有心情去管国家的兴亡和边境的安危呀！但他偏偏又颇受宋理宗器重，从今天来看，自然主要是因为南宋朝廷无人，用"蜀中无大将，廖化作先锋"一句来类比，应当算是贴切。

几百年来，在中国乡间的戏剧舞台上，曾经上演过无数的悲欢离合与爱恨情仇。其中，有这样一出传统剧目，因其剧中有特殊的吹火表演，每每令台下观众为之惊叹，这出戏，叫作《红梅阁》。

《红梅阁》在不同的地域有不同的剧种版本，但无一例外都有"吹火"一折。在剧情进行至高潮处，作为主角的女青衣，会在口中含上一块松香，并对准手中所持火引，辅以折扇的风力，一次次喷出灼人的火焰，那些奇异壮观的火焰，不知令台下多少观众为之目眩神迷。

在今天葛岭上的抱朴道院中，有一处建筑就叫红梅阁，这正是戏剧故事中那个鼎鼎大名的红梅阁。

《红梅阁》讲述的是这样一个故事：良家女子李慧娘被权相贾似道占为姬妾。一日泛舟西湖时，李慧娘偶然见到邻船上的一个青年读书人裴舜卿的风采，李慧娘不由赞了一声：美哉少年！不料刚巧被一旁的贾似道听到。就因为这句赞美，残忍而冷血的贾似道竟动了杀心，抽身拔剑，刺死了李慧娘。而且，他还把那个无辜的秀才裴舜卿也囚禁于贾府的红梅阁中。且说那李慧娘死后冤魂不散，在地府中痛陈贾似道的种种恶行。为了报这血海之仇，她向阎王爷借了把扇子，并乞求阎君准她回到阳间，去搭救那个无辜的书生。于是，她在获得了还阳的机会之后，带着满腔的怒火向贾似道发起了愤怒的

红梅阁

抗争。

可以说，戏剧演员们以"吹火"这一舞台表演技法，将李慧娘胸中反抗权贵凌辱、追求公理自由的怒火表现得淋漓尽致。这个女性人物形象是如此熠熠生辉，令人心生敬意。

史书中关于贾似道的负面事例还有很多，比如欺上瞒下、巧取豪夺、贪生怕死、卖国求荣等等。但如果客观地回顾贾似道的一生，以辩证的观点来分析，应该说他的一生其实也是存在一些可圈可点之处的，比如他用铁腕杜绝了外戚宦官干政，还使用"公田法"和"打算法"解决了火烧眉毛的国家财政危机。他主导推行的"公田制"改革是一次典型的"刀刃向内"的大动作，为了顺利启动改革，他先交出了自家的一万亩良田充作公用。然而其他的大地主、大官僚做不到，反对的声音自然不少。令人遗憾的是，"公田法"具体的施行过程并不严谨，"公田法"名为购置，实为强夺，官僚和大地主本就有着千丝万缕的联系，他们很快勾结在一起徇情枉法，并把损失转移到了广大中小田主和一般老百姓身上，因此造成了极大的社会骚动。

不过，贾似道的形象经由历代的小说和民间戏剧，还是逐渐被固定了下来，像曹操一样，他也有着一张惨白阴郁的奸臣之脸，在山野乡间的戏台上，他们被台下的观众所憎恶和唾骂。这样的结局，一定是当年的贾似道没能预料到的吧。

今天的葛岭，往昔的风烟俱已散尽，清幽曲折的山路上，游人往来，谈笑阵阵，偶尔停驻的脚步也多是为了山水风光。不过，那些与葛岭有关的前人旧事，还是像层层覆盖的色彩一般，让这幅自然的画卷多了几分复杂、厚重与沧桑，而那些藏在历史深处的传说也似云似雾般缭绕于葛岭的山间池畔，经久不散。

葛岭朝暾

第七章

有峰飞来

溪山处处皆可庐，最爱灵隐飞来峰
——一座有故事的山，几个有故事的人

　　北宋仁宗皇祐三年（1051）的夏天，杭州城里到处杨柳依依，荷风阵阵。清晨时分，太阳还未出山，天气还算凉爽，昨夜又是一场大雨，晨雾如轻纱一般笼罩着一切。南来北往的游客们已经三三两两出现在街头，随意赏玩着沐浴在薄雾中的湖山胜景。此间，有位意气风发的儒生打扮的青年，从驿馆出来，径往西湖西南岸而来。因为他听当地人说，北高峰是杭州附近第一高峰，晨起登临此峰，在初日的照耀下，四周的绝美风景可尽收眼底。为此，他特意起了个大早，但他一路上又颇有些踌躇，眼见这四周雾气湿重，也不知今日能否顺利看到日出。不多久，青年就和几位友人登上了北高峰，一路上的雾气竟将衣衫也打湿了。一行人在峰顶视野开阔处站定，急切地向四周眺望。远处西湖的碧波披上了轻纱，近处飞来峰顶的神尼舍利塔倒还看得真切，此时，从灵隐寺隐约传来阵阵梵音，而附近农家的三五声鸡鸣也同时传来。有个当地的友人兴奋地对大家说："听！鸡叫了，鸡叫了！快看日出！"大家不约而同转头向东，只见一轮红日正喷薄而出，虽有云雾袅袅，翻涌如潮，但却无法遮掩日出时的万丈光芒。眼前豁然开朗的美景与喷薄而出的旭日共同构成了一幅壮阔的江山图卷，让这个年轻人不禁百感丛生，于是带着他特有的青春意气，

北高峰

乘兴吟出了一首七言绝句：

> 飞来山上千寻塔，
> 闻说鸡鸣见日升。
> 不畏浮云遮望眼，
> 自缘身在最高层。

这便是那首脍炙人口的名作《登飞来峰》，作者自然是大名鼎鼎的北宋重臣王安石。

王安石（1021—1086），字介甫，号半山，谥文，封荆国公。世人又称王荆公。抚州临川（今江西抚州市临川区）人，北宋著名政治家、思想家、文学家、改革家，在文学领域，他还位列唐宋八大家之中，堪称一代英才。欧阳修曾在一首诗作中这样称赞王安石："翰林风月三千首，吏部文章二百年。老去自怜心尚在，后来谁与子争先。"

再说王安石这次来杭州，恰逢他刚刚任满浙江鄞县知县，打算回江西临川故里探亲。八年前，他经过科考的选拔，步入官场；八年来，他在两处地方的任上，均留下了可圈可点的政绩。这一年的他，只有三十岁，三十而立，正是意欲大展宏图的好年纪。此番登临，眼前的壮美风景正好与他的心境相契合，诗情自然喷涌而出。好诗往往是一气呵成的，王安石吟罢，尽兴而归，至于诗作的题名，他或许并未在意，后来人便顺手将"飞来峰"做了诗名。但在历朝刊刻传播的过程中，或许发生了讹误，诗作的题名多了一个"登"字，这样一来反倒成了一桩千年疑案，因为到过杭州的人一定会说，站在飞来峰上看日出很不合理，登北高峰才能说得通。于是，近来有学者考证，此诗名为《登飞来峰》或为误传，在杭州城观日出的最佳地点当属北高峰，而在北高峰上能看得最为清楚的，正是比北高峰要低了许多的灵隐寺旁的飞来峰。

无论如何，这首诗在浩瀚的中国古诗词海洋中以磅礴的气势为人们所瞩目。人们常说"诗言志"，这首诗确实表达出了王安石强烈的政治抱负，而他那"天变不足畏，祖宗不足法，人言不足恤"的慷慨陈词，也如同这首诗一样，成为这位意志坚定、壮志在胸的改革家的不朽宣言。

王安石借这首诗表明了自己的心迹，彰显了作为一个有抱负的青年政治家的魄力与才气。而杭州飞来峰，自此也因为王安石的这首壮志满满的诗作更加为世人所熟知。

飞来峰，又名灵鹫峰，高 168 米，位于西湖西北，与灵隐寺隔溪相对。整个山体由石灰岩构成，由于长期受地下水溶蚀作用，飞来峰形成了许多奇幻多变的洞壑，如龙泓洞、玉乳洞、射旭洞、呼猿洞等，洞洞有来历，极富传奇色彩。

飞来峰上多怪石，如蛟龙，如奔象，如卧虎，如惊猿，仿佛是一座石质动物园。山上又有老树古藤，盘根错节，岩骨暴露，峰棱如削。明人袁宏道曾道："湖上诸峰，当以飞来为第一。"

说到飞来峰，我们需要重温一下关于活佛济公和飞来峰之间的一个家喻户晓的传说。

济公于灵隐寺出家，平日里他行为举止怪诞，衣衫褴褛，酒肉不忌，还经常在四周的村庄中游荡，是个十分另类的和尚，不熟悉他的人都会把他当成一个疯子来对待。有这么一天，济公突然闯入灵隐寺附近村庄中一户正在娶亲的人家，大家以为他是来讨酒肉的，不料，他却在众目睽睽之下，把新娘子扛起来就跑。这还了得，整村的男女老少都追赶了过来，一边追一边还叫骂着。再看济公，他不紧不慢地在前面小跑着，还不时回头看看后面的"追兵"，并对他们说，我和尚孤孤单单一个人这么多年了，也想当一回新郎啊！听他这么一说，后面的村民们更加生气了，这一路上，看到这一幕的路人也纷纷出于仗义，加入了队伍。当济公发现追来的人越来越多时，脸上却露出了笑容。

大家跟着济公跑了半天，后来，济公终于停了下来，笑呵呵地望着村民们身后。村民们正待上前和他理论，只觉天色突然昏暗下来，伴着飞沙走石，身后传来一阵惊天动地的响声，原来是一座山峰从天而降，恰好把村民们的村庄全部压在了山下！

济公这才道出了抢新娘的缘由，村民们听完回过神来，连声感激这位大仙的救命之恩。不过济公又说，这山峰不老实，成天飞来飞去的，飞到哪儿，哪儿的人就会遭殃，不如咱们想个办法把它就镇在此处如何？村民们都同意他的想法，于是在他的带领下，大家一起动手，在山上凿出了大大小小共五百尊罗汉石像。石像凿好了，但还没来得及完善细节，脸上的五官还不分明，济公笑着不说话，走上前去，用手指甲一一为那些罗汉像划出了眉目，这些石像顿时就都有了灵气。自此，由济公亲自开过光的这五百罗汉石像就把这座不老实的飞来峰永远地镇在了灵隐寺旁。

和《红楼梦》中牵连起全文的重要人物一僧一道类似，济公也是个疯癫和尚的形象，有关他的传说还有很多，大多是类似的神异故事，在我国江南一带的民间被口口相传，济公于是成了家喻户晓的活佛。南宋高僧释居简的《湖隐方圆叟舍利铭》和释如的《赞济颠》则以书面的形式将他的简历确定了下来。

据记载，济公全名释道济（1148—1209），俗姓李，台州（治今浙江临海）人。年十八于灵隐寺落发，嗜酒肉，人称济颠。他狂而疏，介而洁，游踪半天下，所至题墨，文辞隽永。但他生活落拓，寝食无定，寒暑无完衣，所受布施供养，不久即付酒家。对于老病僧人，他尽力备办药物相助。无故不入富贵人家。后常居杭州净慈寺。《清一统志》载，净慈寺曾一度毁于火，济公到严陵山（今浙江桐庐）一带募化，使净慈寺得以恢复旧观。

因济公曾在灵隐、净慈二寺居住，所以，在杭州关于他的传说还有很多，济公因此也成为杭州十分重要的形象代言人。尽管他衣衫褴褛、行为癫狂，是个不太遵守清规戒律的"问题和尚"，但是关于他惩恶扬善、匡世济民的佳话却一直被人们所津津乐道，直至今天，以

飞来峰

他的传说为蓝本的影视剧依然受到无数观众的喜爱。

　　其实，关于飞来峰，还有一个更靠谱一点的传说。这座山峰的存在由来已久，人们也并不知它是从何时出现的，对它的存在，人们也不以为意。直到东晋咸和三年（328），有位名叫慧理的西印度僧人，由中原云游入浙，来到了杭州灵隐的飞来峰下。他抬头一望，只见此处奇峰怪石，风景绝异，一种似曾相识之感涌上心头，再仔细一想，好像和他故乡天竺的灵鹫峰非常相似，不禁叹道："此乃天竺国灵鹫山之小岭，不知何以飞来？佛在世日，多为仙灵所隐。"自此，这座山被称作"天竺"，峰也被命名为"飞来"。

而僧人慧理便自此留在杭州，开始募资建寺。《灵隐寺志·开山卷》称："慧理连建五刹，灵鹫、灵山、灵峰等或废或更，而灵隐独存，历代以来，永为禅窟。"在慧理的主持下，杭州先后新建了五座寺院，其中，以灵隐寺最为著名，这座寺院虽曾数度被毁，但又多次被当地官民重修，可谓香火不绝。

据传，西溪石人岭下的夕照庵为慧理晚年退隐之处。这位灵隐寺的开山祖师圆寂后，便葬于飞来峰下，即现在的理公塔（又名灵鹫塔）位置。

由于年代久远，理公塔历经几番重修，现在所见的理公塔是杭州现存唯一的明塔，它由石块砌成，共六面六层，这种形制较为罕见。全塔由下至上逐级收分，结构朴实无华，别具一格。它的旁边还有两尊元代的石刻，一尊叫宝藏神大夜叉王，另一尊叫金刚手菩萨像，都是藏传佛教密宗的刻石，但同时也融进了汉传佛教的圆融之趣。

飞来峰不仅自然风光优美，地质形态独特，而且是整个浙江省石刻艺术遗存最多的地方。在飞来峰诸洞穴及沿溪间的峭壁上，雕刻着从五代至宋、元时期的石刻造像 470 多尊，其中保存完整和比较完整的就有 335 尊。

在飞来峰造像群中，五代时期的造像约有 10 多尊，个头偏小，它们都集中在青林洞内外，所表现的对象是佛教"净土宗"的"西方三圣"。在青林洞入口的西侧有后周广顺元年（951），滕绍宗舍钱雕造的弥陀、观音、势至等像，承袭了明显的晚唐风格，被考证为飞来峰有题记的造像中时代最早的一龛。

飞来峰造像依据时代特征判断以宋代造像居多，但多数没有明显的题刻，包括著名的卢舍那佛会浮雕造像和弥勒佛造像。在这一时期的 200 多尊造像中，卢舍那佛会浮雕造像被公认为是最精致的一尊，而其中的弥勒佛大肚像又是飞来峰所有造像中最大的一尊，也是我国现存最早的大肚弥勒。他粗眉大眼，喜笑颜开，袒胸露肚，"容天下一切难容之事；笑天下一切可笑之人"的形象广为人知。在这尊弥勒像的两侧还围绕着十八罗汉，罗汉们的布局依山就势，有静有动，神态各异，代表了宋代的石刻艺术水准。

经专家考证，飞来峰上的元代汉、藏式造像共有 68 龛 93 尊，构成了飞来峰造像的主体与精华，且保存均较为完整。这些造像一般都较大，开凿的年代大约在 1282 年至 1292 年间。其中，青林洞口外壁上的毗卢遮那和文殊、普贤造像，是杭州西湖最早的一龛元代石刻造像。

再来看灵隐寺，它取"仙灵所隐"之意，位于飞来峰与北高峰之间的灵隐山麓中，两峰挟峙中，林木耸秀间，有古寺钟鸣声声入耳，再看四周云烟万状，真是一处古朴幽静、景色宜人的游览胜地。

灵隐寺天王殿外有一个小小的冷泉亭，是个避暑的好地方。白居易自称"在郡六百日，入山十二回"（《宿灵隐寺》）。宋费衮《梁溪漫志》卷四《东坡西湖了官事》则记载了苏轼对这里的喜爱："东坡镇余杭……以吏牍自随，至冷泉亭，则据案剖决，落笔如风雨，纷争辩讼，谈笑而办。已，乃与僚吏剧饮，薄晚则乘马以归。"苏轼另有"溪山处处皆可庐，最爱灵隐飞来峰"的诗句，也充满了他对飞来峰周边自然山水的偏爱。

有关飞来峰的历代古诗词作品还有很多，文人墨客们都追随着先贤的足迹来此地访古寻幽，留诗为念。这些作品中，不仅描绘了此地的自然风光，也有不少诗作是如王安石《登飞来峰》一般，写景兼抒情，将胸中所感尽数倾注笔端，为这里增添了许多人文内涵。不过，也有人来这里是搞破坏的，情节还相当"恶劣"。那么，是谁竟敢如此大胆？

此人并非旁人，正是那个曾在湖心亭看雪的张岱。张岱是明末清初著名的文学家，浙江绍兴人。他年轻时曾在杭州居游多年，足迹遍布这里的山山水水，灵隐寺的具德和尚是他的族弟，因此他便成了灵隐寺的常客。

一次，张岱从灵隐寺出来，乘兴游览飞来峰，在山上细细观赏着历代的石刻精品。突然，他发现了一座与众不同的造像，正中有一个蓄着胡子的人趾高气扬地坐在龙身上，一旁还有四五个裸体侍女恭恭敬敬地在向他献花。张岱觉得奇怪，便驻足细看石刻旁的几行题记，读后方知这处造像镌刻的就是人人痛恨的杨琏真加。想当年，元人攻陷临安，南宋王室仓皇南逃，恶僧杨琏真加入城后不仅盗挖绍兴宋陵，还在凤凰山宋宫遗址上建起了"镇南塔"，这不仅是对前朝王室的羞辱，更是意图将灿烂的中原文明就此销毁。这些虽已成旧事，但在张岱的心目中，这种野蛮行径应当人人鄙视、唾弃，于是张岱顺手举起一块大石头就狠狠地向这个石像砸了过去，而且一下不解恨，他将其砸得面目全非。非但如此，余怒未消的他，又把这座石像的头部丢进了粪坑，意在斥其遗臭万年，到这时，这个热血青年的愤恨之情才算得以平复。这件事，被他原原本本地记在了自己晚年所写的《西湖梦寻》一书中。

　　当时砸碎杨琏真加的石像后，张岱还把这事告知了灵隐寺的僧人。听张岱说他所砸的石像是杨琏真加时，僧众们都觉得他做得对，可以说是做了大家都想做的事，可见这个佛教界的败类，是何等令人厌恶！

多闻天王

痛恨杨琏真加的人还有很多，他们都先后举起了手中的石头砸了过去。在今天看来，飞来峰上那些具有珍贵价值的元代造像被毁令人心痛，但它抵挡不住民间汹涌的恨意。这种恨意还波及了飞来峰翠微亭下的另一个无辜者——"多闻天王"石像，因为他似乎也长着一副"面目可憎"的样子，人们忍不住纷纷用石块、木棍击打。灵隐寺僧怕长此下去，多闻天王会被人们敲碎，只能把佛像特别保护起来。尽管如此，游人至此，仍控制不住愤恨的情绪，向其投石不断。

这个元代的恶僧杨琏真加的斑斑劣迹可以用成语"罄竹难书"来概括。历史是公正的，就算他利用职务之便煞费苦心地命匠人们按自己的相貌来塑造佛的形象，但他也注定成不了"佛"，而只会被人们视作"魔"。

飞来峰作为一种地质现象，本并非特指，然而由于杭州飞来峰的历史典故极多，所以，大家通常在提到飞来峰时，都会首先想到杭州的飞来峰。抛开那些传说故事，这座山峰的确在地质构造上与周围群山迥异，堪称"无石不奇，无树不古，无洞不幽"，因此，它还有无数的秘境在等待着人们去探寻。

第八章

天竺石缘

——

刺史难舍天竺去，三生石上留精魂
——回响千年的梵音声，遮掩不住历代文豪的华彩诗篇

在郡六百日，入山十二回。

宿因月桂落，醉为海榴开。

黄纸除书到，青宫诏命催。

僧徒多怅望，宾从亦徘徊。

寺暗烟埋竹，林香雨落梅。

别桥怜白石，辞洞恋青苔。

渐出松间路，犹飞马上杯。

谁教冷泉水，送我下山来。①

　　这首情真意切的离别诗，记录了白居易在告别杭州之际，与天竺、灵隐两寺众僧友依依惜别的场景。短短三年的时间里，他曾无数次地来访赏景，来会友。其实，白居易在踏入仕途之前，已对佛法产生兴趣，与僧人们多有往来。待他考取功名走上仕途后，叵测的官场纷争、无奈的生老病死，使他急于寻找一个安身立命的精神支柱。于是他开始到处游历寺院，广结方外之友，并与众僧友探讨佛学，虔诚修持，在净心修身的礼佛过程中，他获得了内心的安宁。他曾这样说道："乐天，佛弟子也。备闻圣教，深信因果。"在杭州任刺史的这段时光里，他得以和众多高僧切磋佛理，往来甚密。其间，他写下了"白衣一居士，方袍四道人。地是佛国土，人非俗交亲。

① ﹝唐﹞白居易《留题天竺灵隐两寺》

106

城中山下别，相送亦殷勤"的诗句（《题天竺南院赠闲元旻清四上人》），诗中生动地记录下了他与天竺南院四位僧人深厚的友谊。

灵山秀水给了白居易无数的创作灵感，许多以"灵竺"美景为描写对象的诗作纷纷问世，"灵竺"之美名因此更加闻名遐迩。

比如这首名为《天竺寺七叶堂避暑》的诗作，便生动地记录了酷夏时节，白居易在天竺寺七叶堂避暑的情形：

> 郁郁复郁郁，伏热何时毕。
> 行入七叶堂，烦暑随步失。
> 檐雨稍霏微，窗风正萧瑟。
> 清宵一觉睡，可以销百疾。

西湖正西方的群山，以飞来峰为界，北为灵隐，南为天竺。天竺山钟灵毓秀，溪流潺潺，主峰在西湖之西偏南约5公里处，海拔400多米。因印度高僧慧理对此地情有独钟，便开始了他的苦心营建，其后又有历代多位名僧在此住持，于是在这片青山绿水间，灵隐及天竺三寺相继建成。天竺三寺具体来讲就是下天竺、中天竺和上天竺三座佛寺，它们建成的年代不一，其中下天竺寺创建最早，距今已有一千六百余年，创建最晚的上天竺寺也已有千年历史。所以，现在人们常用"始于晋，兴于唐，盛于宋"这句话来概括这三座著名的寺院。

千年古刹之名远扬，声声晨钟暮鼓召唤着四面八方的信众纷纷前来朝圣进香，故而，这一带也被公认为杭州的佛教文化汇集地。因此，曾在杭州任官的唐代诗人白居易刻骨的灵竺情结也就容易理解了。

在离任杭州之际，白居易写过一首诗，诗中讲述了他与杭州天竺石的一段不解之缘——

下天竺附近，有个莲花峰，这一带的山石质地莹润，玲珑剔透，是一种著名的园石，被爱石之人称作"天竺石"。作为一位素爱赏石的雅士，白居易在杭州最大的收获便是在下天竺山游赏时，偶然拾得两片天竺石。他对这两片石喜爱有加，离任杭州前，他亲自整理行装，凡属官衙的公用之物，一概不取，凡是属下赠予的离别礼物，一概不收，但面对那两片置于案头日日赏玩的玲珑天竺石，他无论如何难以割舍，而他对这草木山川，又何尝不是一样难以割舍？于是那一晚，他带着复杂的心情，将石头拿起又放下，最终，他还是选择带走它。为此，他还在纸上题下了自省之诗（《三年为刺史二首》之二）：

> 三年为刺史，饮水复食蘖。
> 唯向天竺山，取得两片石。
> 此抵有千金，无乃伤清白。

诗中，满是他的自省与自勉。尤其是末两句，尽管这两片石在其心中堪抵千金，但在白居易心目中，仍感到有伤清白。

只是两片小小的石头，却让白居易反复思量，足可见其清廉自守的本性，而且他还郑重地写诗一首，公开地表达自己的自责之情，这种清廉如水的品质令人肃然起敬，这个故事和这首诗都被后人传为一段美谈。

离杭之后，白居易曾撰文《太湖石记》，文中提到"石有族聚，太湖为甲，罗浮、天竺之徒次焉"，加上之前那首诗作，一代文豪白居易对天竺石的反复推荐，不正

三天竺旧影

是对杭州天竺石的有效宣传吗？有了白居易的倾情代言，这小小天竺石的名声自然远扬，它的身价上涨应是必然，或许早已不止千金了吧？

下天竺寺是从灵隐寺分离而来的，它西傍飞来峰，东临月桂峰。清乾隆时改名法镜寺。清朝年间经战火，后重建，目前为杭州唯一一处尼众寺院。

下天竺寺后有座莲花峰，它的东侧有块不太起眼的石头，却是鼎鼎大名的"三生石"，此石还在清代被人评定为"西湖十六遗迹"之一。这块石头高约10米，宽2米多，由三块天然石灰岩组成，石上镌刻着"三生石"三个篆字及《唐圆泽和尚三生石迹》的碑文，详细记述了与这块石头有关的典故。有关这个典故，最早见于唐代袁郊的短篇小说集《甘泽谣》，其中有一篇名为《圆观》，宋初《太平广记》卷三百八十七又有《悟前生一·圆观》，但传播更广的则是其成书百年之后，苏轼所作的《僧圆泽传》，文中生动记录了一则关于生死轮回、友情长存的故事。

唐天宝年末，安史之乱爆发，光禄卿李登坚守洛阳，但终因力敌不过而与城同亡。他的儿子李源自小成长在这个富贵之家，衣食无忧，豪侈善歌，怎奈风云突变，城陷家亡，于是他悲愤自誓，不仕、不娶、不食肉，自此移居洛阳惠林寺，一住就是五十余年。

惠林寺里有位名叫圆泽的僧人，与李源很是谈得来，他们渐渐成了知己。

一日，二人相约出游四川青城峨眉山，李源计划从荆州乘船前往，而圆泽却说想选择陆路，取道长安斜谷入川，李源不太理解，劝他还是走水路更方便些。此时，圆泽突然发出一声长叹，说："想走哪条路，还真是不由人啊！"李源诧异地问圆泽，此话何意，圆泽却不再多言。不久，二人果然取道荆州水路前往四川。

待二人乘船走到南浦一带时，见一个即将临盆的孕妇正在河边打水，圆泽看见那妇人后不禁泪如雨下，说："唉，我不想走这条路的原因就是因为这个呀！"

李源连忙问他怎么回事，他这才和盘托出："眼前这个孕妇是王氏，我本应在两年前就转世做她的儿子的，可我一直在逃避这件事，如今她怀孕都三年了，就是在等我投胎呀！看来今天是躲不过了。罢了，事已至此，天命难违，还请你帮我快一点转世吧。我重生三天后，希望你能来见我，到时如果我冲着你笑，你就知道那真的是我了。还有，再过十三年，中秋节晚上，请你再到杭州天竺寺外，那时，我们还有缘再见一面。"

李源听了将信将疑，但见圆泽如此这般郑重交代，才知道事态严重。于是他后悔不该劝说圆泽走荆州这条水路，但眼下已没有办法更改眼前的事实，只能帮圆泽沐浴更衣。当晚夜深人静之时，圆泽果然溘然而逝，而圆泽所指的王氏也真的在同一时刻顺利诞下一子。

三天后，李源找了个理由前往王家去探望那个婴儿，婴儿看见李源后果然面带笑容，于是李源把圆泽转世前后的事情都告诉了王氏。然后，李源拿出他的一点积蓄，把圆泽的肉身安葬在了当地的一座山脚下。

办完这些事情，李源独自一人返回寺中，年复一年，他始终对圆泽怀念不已，并且常常悔恨是自己害了圆泽。

又过了十三年，李源从洛阳来到吴地，突然间想起了当年圆泽在圆寂前所说的天竺寺之约，于是就在中秋节当天晚上到了天竺寺外。此地环境清幽，月上柳梢之时，李源见四下空无一人，不禁心中索然，可耳边却突然传来一个牧童的歌声："三生石上旧精魂，赏月吟风莫要论。惭愧情人远相访，此身虽异性长存。"

李源望向那个牧童，激动地问："泽公，你可安好？"

牧童回答他："李公是我的真朋友。虽然你我俗缘未尽，但已没办法像以往那样亲密长谈，你我就此别过吧！"说完，牧童就不见了踪影。

又过了三年，朝廷要授予李源谏议大夫一职，但李源早已看破红尘，力辞不就。最终他在八十岁那年，在惠林寺中故去。

这则故事写得亦真亦幻，具有典型的中国古代小说的神韵。它之所以受到广泛传播，一方面是有深受佛家轮回思想影响的信众在不断传播它，例如苏东坡就是这样一个虔诚的佛教徒；另一方面，故事当中所蕴含的对真挚友情、信义无价的歌颂也相当感人肺腑。

那么，苏东坡为什么对"三生石"的故事这么感兴趣呢？大家都知道苏东坡曾在杭州为官，自然对当地的历史人文典故多有关注，施以笔墨详加书写顺理成章。不过，或许还有另外一个因素——关于他本人，也有一段与上述故事异曲同工的传奇故事流传于世。

在明代冯梦龙所著《喻世明言》第三十卷《明悟禅师赶五戒》中，有一则以苏轼为原型的故事，故事中设定苏轼的前生是一个名叫五戒的和尚。五戒是一个很有修为的出家人，他个头不高，还是个单目失明的残疾人，由于一时意乱情迷犯了色戒。他的师弟明悟恰好是知情者，还用话语点破了师兄的所为，在羞愧之际，五戒选择坐化离世，转生投胎的正是苏家。再说五戒的师弟明悟也不简单，他怕五戒来世会有谤僧的举动，于是他也紧急启动了圆寂程序，转世投胎，去追寻五戒的转世，他便是后来苏东坡的好友佛印。在这个故事中，佛印与苏轼一生相随，不断影响他，使得他后来变得心性散淡，一心也想出家，并自命为东坡居士。但此时佛印又指点他，你还有二十年的曲折宦途，还是顺其自然吧。最终，苏轼走完了他曲折而传奇的一生，并与佛印相约，在同一日圆寂归天。

苏轼的名声实在是太大，喜欢他的人又太多，于是惹得明代的冯梦龙忍不住创作了这个关于他的故事。这个会讲故事的人，愣是把小说讲成了"纪实"，几百年来被众多读者所津津乐道。

由苏轼到冯梦龙，两位古代文学大家让"三生石"的故事得以广泛传播。时光如水，温柔而坚硬，现在，当我们漫步天竺山，寻访三生石时，会发现，原本石头上那些唐、宋时期诸人的题刻，早已漫漶不清。而唯有记载在书籍中的文字，能够借由一代一代的印书人、读书人，传承至今，字字句句，皆历历在目。尽管以今天的眼光来评判，这三段故事唯心色彩浓厚，但故事中所描绘的珍贵友情、不渝爱情却始终令人神往不已。

白居易与两片石，两文豪与三生石，共同构成了天竺山以"石"为核心的人文典故，而天竺三寺作为杭州重要的佛教活动场所，还产生了远近闻名的香市文化，每年农历二月十九的庙会更是吸引了来自周边省份的男女信众。朝圣活动也伴随着经济文化的交流，杭州便在这种绵延千百年的香市文化中，焕发出了更多的生机与活力。天竺三寺的阵阵梵音，也得以穿越重重叠叠的时光，在这个"东南佛国"回响了千年。

三生石迹（引自《西湖佳话古今遗迹》）

第九章

三台史鉴

平生忠义在，千古英灵存

——如果给三台山标注底色，无疑应该是代表忠勇正直的红色

1996 年，在杭州西湖筲箕湾花家山庄施工现场，工人们从旧时的慧因寺遗址中挖掘出了一尊两米多高的古代石雕人像。石雕人像手持笏板，目光炯炯，明眼人一看，这是典型的宋代官员服饰，请来专家鉴定，专家推断这尊雕像应是北宋时曾任杭州父母官的苏轼。那么，苏轼的雕像为什么会出现在这里？苏轼和慧因寺又有什么不为人知的渊源呢？这件事儿还得从苏轼主持疏浚西湖说起。

原来，在疏浚西湖的工程中，苏轼设计了堆泥筑堤的低成本施工方案，但开工后，大家遇到了一个难题，那就是湖底的泥土稀软，如果堤只靠这些泥堆起来会很不结实（后来的阮公墩就是这种状况），如果想筑堤、栽种、修路，必须混合其他硬质土壤。在场的有经验的工匠反馈说，西湖附近三台山一带的赤山上的土质较硬，可以采取软泥加硬土的混合方法来筑堤。工程总指挥苏轼认为这个办法切实可行，就派人去赤山上掘取山土。不料取土时遇到了麻烦，赤山旁的慧因寺寺僧觉得随意动土会破坏慧因寺的风水，甚至影响寺庙的安全，于是拦住了前来取土的工人们，双方一时间僵持不下。但疏浚西湖工程的工期紧张、经费有限，如何开展危机公关，

慧因寺

成了苏轼必须尽快解决的难题。

那夜，州府衙门里的灯，一直亮到后半夜。第二天一早，只见苏轼着一身便服，带两名随从，径直朝慧因寺而去。

在寺里，苏轼与住持开诚布公地对话，讲明取土的重要性和必要性，并做出承诺，从今往后自愿做慧因寺的守护者，换句话就是"出了事儿我负责"，这样的担当精神令人佩服。大约该寺的僧众还是比较买苏大人的账的，所以取土这事儿就顺利进行下去了，疏浚西湖工程也得以顺利完工。自此，苏堤成为了苏轼在杭州为官一任可圈可点的政绩之一。

不过据专家分析，这尊石像并非北宋时造，应该是在明代时才塑成的。尽管时间推后了不少，但也已经是距今数百年的文物了，而且还是深受大家爱戴的苏轼的雕像，这当然是非常珍贵难得的。因此，在慧因寺修复后，苏轼像便被移至修整一新的东坡亭内。至于为什么这尊石像塑于明代，又是由谁主持雕造的，还有待进一步考证。

再来说说这慧因寺，它在历史上曾十分风光。首先是因为它历史悠久，是武肃王钱镠主政时期建的。其次是因为北宋神宗在位年间，来了一位外国的王子，曾在寺里住过不短的时日，这位王子就是当时高丽国的四王子义天。

义天（1055—1101），是朝鲜高丽王朝天台宗的代表人物，他与智讷并称为高丽佛教"双璧"。他出身王室，十一岁出家，十五岁获得了"佑世僧统"的封号。

义天对中国的佛学素来仰慕，而且他深感高丽的佛教典籍存在着语义混淆、疏于钞解等诸多问题，对佛教的研习与传播造成严重影响。随着北宋与高丽国逐渐恢复通使，义天"有志入宋问道"，同时也因为当时杭州的华严宗高僧净源法师的名声流布海外，义天对其深感敬仰，于是托"船贾"给净源法师写信表示欲来求法之意。净源法师闻其是一位"非常人"，便盛情邀请义天入宋，这也更加坚定了义天入宋求法的决心。他二十八岁那年，萌生了西入中国游学的强烈愿望，但是父母均不同意他前往，一是舍不得他远行辛苦，二是担心他漂洋过海，路途凶险。后来，义天的父王去世，他的哥哥继承了王位，义天依然一心向往着中华，向往着佛学，于是他继续恳求哥哥准许他西渡，但哥哥也不放心他漂洋过海，所以一直没松口。但心有执念的义天终于还是在1085年4月，趁着哥哥离京出巡，留书一封后，只带着几个弟子随从就"离家出走"了。

不久，义天搭乘一艘中国商船顺利抵达了中国，在北宋的都城汴梁，他受到了宋朝皇帝的热情接待。后来，他提出要拜当时声名远播海外的净源为师学习佛法。很快，他如愿到达杭州，并见到了净源。在祥符寺，净源将自己的佛学心得悉心传授给了义天。第二年，也就是北宋元祐元年（1086），时任杭州知州的蒲宗孟请净源入住慧因寺，开讲《华严经》，义天亦随净源移住此寺。其间，净源想在慧因寺里置办一间存放佛教藏书的图书馆，于是义天出钱购买了相关佛经7500余卷赠予慧因寺。不久，高丽国王上表宋廷，说是他们的太后因为想义天想得生了病，请义天速归。就这样，义天在离家十四个月后回了国。他回国后，和净源一直有往来。因此，人们后来就把慧因寺称作慧因高丽寺。

正如鉴真东渡和玄奘西游，高丽的义天来华求取真经的故事也在该国家喻户晓，因而他在两国文化交流史上，也占有相当重要的地位。义天回国后，担任高丽国僧统，管理全国佛教事务数十年，独树一帜，贡献弥多，其编纂、著述惠及高丽全国，后人评价他是一位在世界文化史上都颇具影响力的佛教界名人。有关他生平、游历与交往的事迹都被他的弟子们收集记录在了《大觉国师文集》一书中，并得以流传至今，成为今天人们进行相关领域研究的珍贵史料。

不过，这段两国友好往来的佳话却是有一定争议的。产生争议的原因在《宋史·苏轼传》中。

书中记载，杭州僧人净源，因为多年来住在海边，和外国商客多有来往，于是那些商船把净源的美名也带到了高丽，这就引起了高丽王子义天的兴趣，他十分希望能跟随这位僧人学习。元丰末年（1085），高丽王子义天来朝贡，并顺便去拜访净源，二人以师徒关系共处了数月。义天回国后，净源圆寂，净源的徒弟私自拿了他的一张画像，让商船捎给了义天，这相当于是一份讣告。义天得知后，便派他的弟子来中国祭奠净源，并带了两座金塔，说这是高丽太后赠送给宋朝太皇太后和皇帝的，祝他们长寿安康。曾任杭州通判的礼部郎中苏轼听闻此事后，不太同意，于是上奏说："高丽长久不来进贡，失去赏赐厚利，这次意图入朝朝贡，但是又猜不出我们待他们的厚薄，所以借祭死去僧人之机行祝寿之礼。如果受了而不答复，他们将会怨恨；如果受了并厚加赏赐，就正中了他们的计谋。臣以为，现在应不加过问，让州郡官自己找理由推辞他们。"苏轼的意见果真被朝廷采纳了。不久，高丽进贡的使者果然到来。按旧例，凡使者所到东南七个州，费用需要二万四千余缗钱。苏轼就下令各州酌量减省，百姓因此减少了负担。

关于宋朝与高丽外交关系的阐述与分析，苏轼还有不少有关的行政公文流传于世，虽然他是在不同年代提出的主张和建议，但主题基本一致，那就是要在开展对外文化交流的同时，提高警惕，以免泄露国家机密。为这位有远见、有骨气、有立场的外交家苏轼点赞！当然，用北宋后来真实的历史进行验证，我们会发现苏轼担心和忧虑的事情还是发生了，靖康之变，厓山之殇，都成为一个民族无法愈合的伤痛。人们常说"以史为鉴"，苏轼的外交思想和国家安全意识，应该可以为今天的我们提供许多有益的启示。

通过苏轼的这段故事，我们看到了作为朝廷官员的苏轼，忠勇正直、贤能尽职的一面。在三台山上，还有另一位具有相同特质的明朝重臣长眠于此，此人便是明朝重臣于谦。

于谦（1398—1457），字廷益，号节庵，官至少保，世称"于少保"，浙江杭州府钱塘县（今浙江杭州市）人。明朝名臣、民族英雄。

少年时代的于谦聪敏好学，才思敏捷，有不少关于他的小故事在民间流传。

有一年清明，于谦跟随大人去三台山上扫墓，途中路过凤凰台，他的叔父就出了个上联想考考于谦："今朝同上凤凰台。"一旁的于谦不假思索，朗声应对道："他年独占麒麟阁。"

有一年春节，于谦身穿其叔父赠给他的一身红衣，和小伙伴们以竹竿当马在街上奔跑玩耍，在一座小桥上，孩子们和正好出行的巡按大人打了个照面。开道的衙役免不了斥责几句，别的小伙伴都吓得不敢言语，只有于谦一人走上前来，面朝官轿，清脆地说了一句："千里马急欲上进，一时难以收缰，望大人恕罪！"轿子里的巡按大人听了后，挑起了帘子，想看看这是哪家的小孩子如此谈吐不俗。一旁有认识于谦的人说，这是于家的孩子，特别聪明，对对子也非常厉害。这位巡按大人于是有意出题考考他，就信口出了一个上联："红衣儿驱马过桥。"对面的于谦立即接着对道："赤帝子斩蛇开道。"

巡按大人暗暗称奇，文是心声，眼前的这个小孩子，虽是在联对，但言语间透露出的志气着实不小，以后必是人中龙凤。不久之后，于谦就被这位巡按大人选拔到省里的学校读书去了。

除了这些流传于民间的小故事，于谦的年少成名还表现在他创作的一首脍炙人口的诗作《石灰吟》上，诗中那句"粉骨碎身浑不怕，要留清白在人间"的铮铮誓言，成了他一生的光辉写照。他为官一世，清廉一生，在国

于谦墓

家危亡时刻力挽狂澜，鞠躬尽瘁。他因清白坦荡、一身正气而得罪了不少奸佞小人。世事往往难料，于谦在年届六十岁时，成了皇权更替中的牺牲品，被当时二度登上皇位的明英宗下令处斩。

于谦的枉死与几百年前的岳飞如出一辙，民间颇多抱不平之声。在他死后一年，养子于康扶于谦灵柩归杭，葬于西湖三台山上的于氏祖茔。八年之后，明宪宗继位，他第一时间为于谦平反，诰曰："当国家之多难，保社稷以无虞，惟公道之独恃，为权奸所并嫉。"

天日昭昭，沉冤得雪。英雄远去，英名长存。今天，于谦祠已成为三台山的一个标签，于谦墓前，从四面八方前来凭吊的人络绎不绝。于谦祠内天井右侧有一口井，被称作"忠泉"，据清人碑文记载：康熙乙亥年（1695），当地民众在改建于谦祠时偶然发现了这股清泉，泉水色清而味甘，因念于谦"公之大忠诚如水之在地中"，故以"忠泉"为之命名。

西湖之畔，岳飞、于谦的英灵遥相呼应，更有明末抗清名士张苍水追随二人足迹。

1644 年，明崇祯皇帝自缢，明朝宣告灭亡。生逢乱世的张苍水，没有像许多丧失气节的明旧臣一样乖乖投降，而是与南明朝廷一起，坚持抗清斗争近 20 年。其间，他联合抗清名将郑成功，打过多次胜仗，收复了多地，民间一时群情激昂，纷纷加入他的水陆大军。但他的抗清举动也引发了清廷的恐慌，于是派兵围剿，直至南明朝廷气数尽去，眼见复明无望，张苍水才解散了军队，隐居于浙江象山附近的一个小岛上。但他很快便被一个

西湖一隅

叛徒出卖了。

清康熙三年（1664）的深秋，杭州城内，年仅四十五岁的一代英豪张苍水慷慨就义。临刑前，他拒不下跪，大义凛然，面无惧色。后来，他被安葬于杭州南屏山北麓的荔枝峰下。

西湖之畔，有岳飞墓，有于谦墓，有张苍水墓，三位爱国尽忠的英雄，以他们的血色人生，为杭州这座城市打上了一枚刚正忠勇、九死不悔的烙印。而这烙印，也给暖风中柔媚的西湖增添了刚硬的底色，让西湖的文化内涵更加丰富。

今天，当我们陶醉于"山外青山楼外楼"和"映日荷花别样红"的西湖风光的时候，不应忘记长眠于西湖之畔的英灵忠魂，也不应忘记作为一名中国人所应涵养的民族气节与家国情怀。

——

第十章

凤飞蝶舞

旧时烟柳满皇都，唯留草木万古青

——昔日皇城随风烟远逝，口耳相传的故事却千年不朽

后唐同光三年（925）八月，草根出身、征战多年的钱镠在杭州成为吴越国国王，并开始着手在城南凤凰山上营造宫殿。

一日，钱王正和几个幕僚研究营建方案，忽有宫人回禀，外面来了个道士，自称会看风水，听闻钱王正欲营建新宫，因此想求见大王，并献上计策。

钱王听了心生好奇，于是召其入内。片刻之后，但见阶下站定一个须髯皆白、眉清目朗的老者，看其举止颇有些仙风道骨。钱王不禁来了兴致，便问其有何高见。那老道也不客气，手捻长须，侃侃而谈："贫道听闻吴越王要造宫殿于江头凤凰山，照贫道推演，此事不妥不妥。"说到这儿，那老道还故意把头摇得如拨浪鼓一般。在场的众人都不知道这不妥在何处，便都一齐看向那老道。老道见大家都在等他的下半句，于是面色沉静，缓缓道来："如在凤凰山建造宫殿，王气有限，不过有国百年而已；如把西湖填平，留十三条水路以蓄泄湖水，建宫殿于上，便有千年王气。"说罢，他还将手臂遥遥指向凤凰山北的西湖。听了他这一番话后，众人不禁交头接耳，小声议论起来。

只见座上的钱王不喜不怒，朗声答道："岂有千年而天下无真主者乎？有国百年，吾所愿也。西湖乃一城百姓灌溉饮水之源，万万填不得。"那老道听闻钱王如此作答，只能欲言又止，很快，他便借故只是路过，匆匆告辞而去。

不久之后，钱王宁舍千年国祚，也不愿填湖修筑王城的事情在百姓当中传扬开来，更有人说，钱王这一决定，收获的民心，才是最宝贵的国祚延续之本。

经此一事，钱王更加下定决心将都城定址在凤凰山。很快，一座城池高峻、宫阙巍峨的王城便矗立于凤凰山麓，钱王还在此间特意造了一间宫殿，并亲自题名为"握发殿"，以取周公握发吐哺、求贤若渴之意。

凤凰山

时光荏苒，钱王的百年基业终是拱手让予赵家，但这也换来了两浙百姓的长久安宁与富足。因此，钱氏一族也在杭州百姓心中留下了流芳千古的美名。

转眼到了南宋初年。在金军的追击下，宋高宗赵构四处奔逃，在江南多地驻跸。其间，他曾一度在建康（今南京）、临安（今杭州）两地间辗转。绍兴八年（1138）的六月，宋高宗从建康返回，正式将临安定为"行在"之所。这一年的冬天，宋金议和，双方约定划秦岭、淮河而治，战事暂时告一段落。自此，位于临安城南的凤凰山东麓，便成了南宋一百多年的皇家禁苑。

赵构的这一决策，一直为后人所诟病，直到千年之后的今天，大多数史学爱好者仍然为那个明显带有"苟且偷安"色彩的抉择感到遗憾。宋高宗放弃了六朝皇都的南京，而是选择了位置更加靠南，并且有海上退路的杭州，全无一点恢复中华的野心与志气，成为后人眼中的胆小鬼和投降派。

在明人周清原所著《西湖二集》中，作者更是脑洞大开，将宋高宗赵构视为吴越王钱镠的转世之身，还言之凿凿，这二人的寿命都是八十又一。作为一部拟话本，作者当然可以尽情发挥他的联想，但赵构不顾二帝在北地所受的苦寒与折辱，一心沉湎于暖风熏人醉的"临安"，却是客观存在的事实。

绍兴十七年（1147）六月，宋高宗赵构迎来 40 岁生日。那一年，他在凤凰山殿司衙（原圣果寺）前留下了"忠实"二字的题刻。作为皇城禁苑的一部分，殿司衙是驻扎御林军之所。因此，"忠实"二字当是写给御林军看的。我们知道，宋代开国皇帝赵匡胤，就是御林军出身，后来他"黄袍加身"，打下了江山，当上了皇帝。但从杯酒释兵权可以看出，他对武官始终带有戒心，并且，此后的宋朝也始终重用文官，其中很大原因应该就是担心历史重演。因此，在这一年，宋高宗将"忠实"二字题于御林军前，当然是希望他们忠实于君王，尽忠职守。而有不少人也将"忠实"二字解读为岳飞被杀五年之后宋高宗的愧与悔，这种推测怎么看都觉得有一些牵强。

不过，今天的我们或许可以试着更加客观理性地来分析一下当时的时局。从北宋时的数据看，当时的杭州更有经济实力，尤其是税收方面，与南京相比，有活跃的海上贸易支撑，因此，承接南渡皇家成员、朝廷官员及其随行家属这个庞大的群体，显然杭州比南京更合适。如何把现有的江山稳住，并安抚好民众，可能才是那个保守的国君在当时更为看重的事情。

凤凰山位于杭州西湖南，因山形"有凤凰欲飞之象"，故名凤凰。据《西湖志纂》转引《西湖游览志》记载凤凰山："两翅轩翥，左薄湖滨，右掠江浒，形若飞凤。"这块风水宝地其实早在隋、唐时期便已是杭州州治，在五代吴越王钱镠时期也是整座城市的中枢。但就在北宋残部在江南辗转奔逃中的 1130 年，金兵已经入侵此地，他们将城内洗劫一空，临走前，还将杭州城付之一炬。三天三夜之后，烟尘落处，无数的宏丽建筑和精美园林变成一片废墟，原先钱氏一族的都城王府更是只剩残砖碎瓦。

1131 年末，杭州城南凤凰山下的营造活动悄然启动。负责营造的众官员及工匠们，以远在北方的昔日皇都东京汴梁为摹本，在这个江南名城开始营造皇家驻地。两个月后，銮驾回朝，惊魂甫定的王朝终于在杭州这个"临时安居"之处获得了短暂的喘息。

多年以后，不愿事元的南宋士人周密隐居杭城，在追怀凭吊故国旧都的《武林旧事》一书中，记载了那座业已消亡的皇城的壮观景致。据载，南宋皇城内共有殿三十，堂三十三，斋四，楼七，阁二十，轩一，台六，观一，亭九十。此外还建有供太子居住的东宫和高宗、孝宗二帝禅位退居的德寿宫。最终形成了东起凤山门，西至凤凰山西麓，南起笤帚湾，北至万松岭的方圆九华里的建筑群，此外还有华美的皇家园林数处。史料记载，皇城众建筑"皆金钉朱户，画栋雕甍，覆以铜瓦，镌镂龙凤飞骧之状，巍峨壮丽，光耀溢目"。

十二世纪的中国，其城建营造技术、手工业等文明已达到相当高度，又有大量南渡的能工巧匠汇集于此，南北文化自然而然地完成了一次融合借鉴。于是这座最初只打算当作宋王朝短暂居留处的"行在"，在"遗民泪尽胡尘里，南望王师又一年"的喟叹声里，日趋宏伟瑰丽，几代君臣也渐渐被江南的暖风熏得忘记了旧都汴梁。而临安这座城市，便在历史机缘下迎来了一次发展的机遇，一跃成为当时世界上最大的城市。据史料记载，当时杭州的城市人口已达一百五十万，手工制造业、商业发达，海上贸易也相当活跃，大量的财富不断聚拢于此。在周边众多林立的民居和市坊的拱卫之下，整座皇城愈加显得"金碧流丹，华灿照映，望之真如天宫化成"。可以想象，取消了宵禁制度的临安城，在入夜后依然市声鼎沸、灯火辉煌的繁华场面。

历史总是在兴与废之间不断曲折前行，先是内部原因，人口的高度密集令这座城市火灾频发，城市似凤凰浴火，一次又一次在灾难中跌倒，又在灾后顽强地站起。再是外部原因，南宋末年，元军铁骑突破长江天险蜂拥而至，南宋政权几经抗争，在军事力量悬殊的局势下，只能投降。但气节之臣还是有的，他们以满腔孤勇拥立新君即位，且战且退，四处流徙，最终在 1279 年，以崖山蹈海的悲壮一幕将宋史定格。

然而，落入元军之手的临安城并未就此逃脱厄运。1276年，元将伯颜率军攻占临安城，大内宫殿惨遭空前浩劫。1277年，大内宫殿又被火延烧，整座巍峨壮丽的皇城就这样在一场原因不明的大火中被焚去大半，整个凤凰山麓都在这连天的火焰中痛苦地挣扎！

1284年，元僧杨琏真加奏请朝廷将残留的南宋宫殿改建为五座寺院，于是，垂拱殿成了报国寺，芙蓉阁变成兴元寺，和宁门改为般若寺，延和殿更名为仙林寺，福宁殿则成了尊胜寺。或许是这座皇城在形式上的消失未能让这个恶僧满意，于是他派人远赴绍兴，盗发南宋皇室六陵，贵重陪葬物品被洗劫一空，数帝的尸骨也未得安宁，被蹂躏一气之后，又收归一处，带回杭州城，埋在凤凰山新建起的一座"镇南塔"下，意图从精神上消灭以赵宋为代表的汉族血脉。翻遍史籍，这样罪恶昭彰的行径在历史上也并不多见，无怪乎飞来峰上的元代石刻会被田汝成、张岱等有血性的明朝名士争相刀砍石斫，那是一种怎样刻骨的家国仇恨哪！

元人郭畀在《客杭日记》中写道，"望其故宫苍莽，独见白塔屹立耳"，赫然耸立的镇南塔成了元灭宋的标志性建筑。

1331年，随着一声从天而降的霹雳，镇南塔遭雷击坍塌。1359年，反元义军领袖张士诚率部占领杭州后，将残存的镇南塔也彻底捣毁了。时人张昱有《观拆塔》一诗："白塔谁所营？又复为平地。犹有百年人，闲来话兴废。"

当时，战局尚未分明，为巩固城防，张士诚开始大修城垣，南宋皇城遗址上的元人佛寺没有保留价值，便被"截凤山于外，洛市河于内"，由此，皇城渐成一片荒丘。到了明万历年间，这座皇城最后的一点遗迹也渐渐消失，曾经的宫阙废墟就此被深埋地下，无迹可寻。

时光匆匆，六百多年之后的1993年，考古人员在凤凰山一带清理出一处元代夯筑遗址。遗址由厚约5厘米的黄土与砖瓦相间层层夯筑而成，残存3至4米高。结合文献记载和地理位置，专家认为可能与"镇南塔"有关。如今，这一带在杭州政府的主导下，被辟为南宋皇城遗址公园，翻开了它新的一页。

作为五代吴越国的国都和南宋王朝的皇城，凤凰山还留有不少旧时遗址。比如，杭州城的赏月佳所，除水上的三潭印月和岸上的平湖秋月之外，还有一处就是位于凤凰山南宋皇城遗址上的月岩。明代的郎瑛在《七修类稿》一书中对此曾有专门记载："凤凰山有石片如云，拔地高数丈，将巅有一窍，径尺余，名曰'月岩'。"这本是南宋皇家园林中的一块造景石，立石前还掘有一池，每逢中秋月圆之夜，天上月、窍中月、池底月相互呼应，颇有意趣。遥想当年，不知有多少后宫佳人曾在此处驻足赏明月，起舞弄清影。

南宋驻杭一百余年，为凤凰山麓营造出一片巍巍皇城的浩大气象，但今天的我们只能依靠史籍中的只言片语来想象了。不过，位于凤凰山东侧玉皇山下的八卦田，已经得到了很好的恢复，在这里，我们可以一窥南宋时期的君臣民众对于华夏农耕文明的尊崇与膜拜。

据明代田汝成所著的《西湖游览志》记载："宋藉（实为籍）田在天龙寺下，中阜规圆，环以沟塍，作八卦状，俗称九宫八卦田，至今不紊。"

八卦田

　　南宋绍兴十三年（1143）正月，宋高宗赵构为表示对农事的尊重和对丰收的祈祷，采纳了礼部官员的提议，下令开辟籍田于国都南郊（即今天的八卦田遗址处）。并决定在每年春耕开犁时，由皇帝亲率文武百官到此行"籍礼"。

　　遥想当年，每到初春时节的黄道吉日，杭州皇城便会城门大开，皇帝的銮驾从城内一路迤逦向东而来。到了八卦田，相关的祭天礼自然必不可少，此外，皇帝还会亲自执犁，完成"三推一拨"的象征性动作，以示对农事的尊重，同时也寄托了他和他的子民们对新一季五谷丰登的美好企盼。这种皇帝躬耕以示劝农的籍田仪式，充分体现了中国作为传统的农业大国的文明传承和"道之以德，齐以大礼”的政治文化，在中国封建王朝延续的两千年历史里，一直被认真地传承着。

据记载，南宋时籍田播种的“九谷”分别是稻、稷、黍、粟谷、糯谷、大豆、小豆、大麦和小麦。身处其间，并不一定觉得是奇观，只有远离它，从高处俯瞰，八卦田的神奇才能完整呈现在眼前。据杭州本地人总结，最好的观赏位置在玉皇山上的紫来洞前。

今天，当我们登临玉皇山顶，再向下望，八卦田的整块田地轮廓分明，呈规整的八角形，八角形被平均划分为八大块，由内而外分别种植数十种不同的农作物，各自呈现出不同的色彩。再看八卦田正中央突起的圆形土埠上，则种植着两色草木，呈阴阳鱼的图样，这便是中国文化当中最具代表性的八卦图案。这个巨大的八卦图像让这场关于农事的祭祀更增添了神秘庄严的色彩。

南宋灭亡后的杭州，不再是全国的政治中心，但籍田一直都在，只是转变为良田后，由附近的居民耕作。到了明代，八卦田又成为杭城民众出城踏春的好地方，当时著名的文人高濂在其著作《四时幽赏录》中就专门列了“八卦田看菜花”一项，记录了当时八卦田一带的美丽春光。

明嘉靖年间，浙江提学副使阮鄂突发奇想，想搞一个画龙点睛，于是就在八卦田正中的圆形土丘上建起了一座太极亭。到了万历年间，亭子已毁，知县聂正汤又主持了重修工程。但后来，这座亭子终究还是被雨打风吹去，今已无存。

今天的八卦田，为 1982 年之后在原址处恢复的新八卦田，不仅按照史料中的记载，重现了其形制，还由专人加以精心耕种，除了田垄间纵横的沟垄，沿八卦田一周还开挖了河塘，种了不少水生植物。每年春夏秋三季，这里的风光、色彩各不相同，因而成为杭州人和外地游客的网红打卡地。

八卦田因其景观奇特，寓意深远，被誉为古代中国人首创的"大地艺术"。特别是在无人机拍摄技术日趋普及的今天，去八卦田放飞一下，一定会获得比古人更完美的赏景视角。

凤凰山北有万松岭，岭上建有万松书院。话说这万松书院是明清时期杭城规模最大、历时最久、影响最广的浙江文人汇集之所，造就了无数出类拔萃的江南学子，连康熙皇帝和乾隆皇帝在巡视江南途中，也曾专程寻访，并题笔御书，留下匾额。而这个书院在古朴、厚重、神秘之外，还有一层浪漫的色彩，那是因为在万松书院里，曾上演过中国四大民间传说之一——梁山伯与祝英台的故事。

家境优越的祝英台女扮男装，在万松书院求学，三年的同窗共读、朝夕相处，令祝英台渐渐对学长梁山伯萌生爱意，梁山伯虽然也喜欢祝英台，但他一直以为她是个男儿。祝英台离开书院回家那天，梁山伯送了一程又一程，祝英台抓紧这最后的机会，婉转地向他表明了爱意。怎奈梁山伯有些迟钝，没有领会英台话里话外的含义，祝英台只好假托家中有个妹妹名叫九妹，愿替父做主将九妹许给梁山伯为妻，还反复叮嘱他，完成学业后，早日去她家中提亲。

可梁山伯因诸事牵绊，前往祝家提亲时已过了之前约定的时间，此时为时已晚，英台已被父亲许给了一个姓马的大户人家。梁山伯在这一天先是喜又是悲，喜的

万松书院

是英台竟是女儿身，悲的是英台已被许他人。梁山伯与祝英台见了最后一面，回家不久便郁郁而终。

祝英台得知梁山伯的死讯后，悄悄做好了殉情的准备，她在出嫁的路上，命人绕道梁山伯坟前。从喜轿中决然迈出的祝英台，挥手解开身上罩着的大红喜衣，露出了内里的一身缟素，她一番悲鸣与控诉之后，便在梁山伯坟前触碑而亡。祝英台这种"生不同衾死同穴"的决绝，是对封建礼教发出的最激烈的反抗。从此，她和梁山伯写就了东方爱情故事中最悲壮华美的一页。

从明代起，关于梁祝的这个口口相传的民间故事，在经过数位文人的多次创作之后，尾声处增添了"化蝶"一段，这一补笔堪称精妙，读来颇有绝处逢生之感，而且还充分表达出了大众对于真挚爱情的美好期许。于是，这个故事便带着这个温柔而神奇的结局被固定下来，并在各种戏剧舞台上大放异彩。

这段惊世骇俗、荡气回肠的古典爱情，与西方莎翁的代表作《罗密欧与朱丽叶》交相辉映，并以悲剧的形式在世界范围内广为传颂，终成不可磨灭的爱情经典。可以说，无数中国人对于爱情的最初想象，都离不开"梁祝"的熏陶。

杭州不简单，仅此一城便独拥《梁祝》和《白蛇传》两部爱情传奇，它们让这座城市成了无数青年男女向往的爱情圣地。无数恋人，在这座到处流传着爱情传说的城市里，感应着千百年来不曾改变的海誓山盟和生死不渝。

第十一章

吴山天风

蜀客忆吴山，粤人驻城隍

——这座山见证了杭州城市经济、文化与医药业的繁荣

蜀客到江南，长忆吴山好。吴蜀风流自古同，归去应须早。　　还与去年人，共藉西湖草。莫惜尊前仔细看，应是容颜老。[①]

在文人墨客笔下，回不去的故乡最能牵动诗情，而白居易、苏轼二人却先后为杭州写下了大量的赞美之诗，可见在他们内心深处，对这座本应是"他乡"的城市有着难以割舍的眷恋之情。在上面这阕词中，苏轼就为吴山做了一回代言。那时的他，与杭城已一别多年，但"吴山好"还是情不能自已地从笔端流淌了出来，而且还加上了"长忆"二字，这"长忆吴山好"一句和白居易的那句"最忆是杭州"，读来堪称绝配。那么，这吴山的魅力究竟又在何处呢？

吴山是延伸进入杭州城区的西湖南山的尾部，春秋时期，这里是吴国的南界，由紫阳、云居、金地、清平、宝莲、七宝、石佛、宝月、骆驼、峨眉等十几个山头形成由西南至东北走向的弧形丘冈，总称吴山。

吴山山势南高北低，由南至北趋于平缓，并向北逐渐融入市区的街巷民居。登临吴山之巅，向南可远眺钱

塘江。因此，山虽不高，但却颇有凌空超越之感，且可尽揽杭州江、山、湖、城之胜。看来，这"吴山天风"的名号还是名副其实的。

吴山上林深叶茂，时时可见数百年树龄的参天古树，行人踏出的小径四通八达，游人大可随兴四处游走。吴山庙宇、庵堂多，在民间素有"吴山七十二庙宇"的说法。在众多的庙宇当中，为纪念春秋战国时吴国大夫伍子胥所建的伍公庙历史最为悠久。

据司马迁《史记》记载，吴国名臣伍子胥在晚年因直言进谏而被沉迷于西施美色的吴王夫差一怒赐死，并命人将其浮尸于江上，但吴国百姓怜其忠肝义胆，立祠于山上。由此可见，吴山伍公庙至少在汉代就已建立，而这座伍公庙也是杭州有记载的最早的祠庙之一。

到了宋代，伍子胥更因一段"白衣素车立潮头"为自己讨公道的民间传说，被杭州民众视作潮神，伍公庙内由此另建起了潮神殿。据宋史记载，北宋大中祥符五年（1012），杭州知州马亮为阻挡日益严重的潮患，调兵筑堤，动工前曾特意赶去伍公庙烧香祷告，次日"潮为之却，出横沙数里，堤遂成"。到南宋时，朝廷对伍公庙更加重视，春秋两祭仪式成为官方活动。直至清代，人们还十分信奉潮神，认为只要虔诚祭拜，便可令钱塘水患平息。清乾隆帝南巡杭州，还特命随行官员上山祭祀这位不是龙王却胜似龙王的著名春秋士大夫。

南宋以后，吴山上的祠庙寺观越建越多，形成了儒、释、道共处，神话人物并列的热闹景象。其中儒教有文昌庙，释教有海会寺、宝月寺、七宝寺、宝成寺、仁寿庵，道教有三茅观、通元观、三仙阁，民间则有仓颉祠、月老殿、酒仙殿、禹神殿、药王庙，还有龙王庙、海神庙、雷神庙、风神庙、火神庙、太岁庙等各司其职的神祇。

今天，当我们驻足杭城，从任一位置远眺吴山，首先看到的天际线建筑便是那座飞檐翘角的城隍阁了，它是一座七层的仿古阁楼式建筑，于2000年在原有的城隍庙遗址的高台上修建。城隍阁高41.6米，面积3789平方米，整体造型具有南宋时期典雅富丽的风格。紧挨城隍阁的便是香火较盛的城隍庙了，据说，驻守此地的城隍爷在历史上实有其人，他便是明代名臣周新，他因正直敢言、冷面寒铁而著称，在各地城隍中的知名度颇高。

周新（？—1417），初名志新，广东南海县人，明永乐年间御史。他为官正直无私，不畏强权，简直就是当时那个污浊官场的一股"清流"。

周新曾在福建、湖南、云南等地任职，后改任浙江按察使，掌管全省司法刑狱。按察使一职相当于今天的省公安厅厅长兼高级人民法院院长。他判案准确、神速，每到一处，多年的悬案都能被一一解开，而以前产生的冤假错案也因他的明察秋毫得到了及时纠正。据说，周新担任浙江按察使后，一天，有一名下属给他送来了一只烤鹅，他坚决不受，但送礼人已经抢先出门了，怎么喊也喊不回来。于是，周新就叫家人把那只烤鹅挂在屋子后面，以后凡是送礼者，他就让家人领着去看那只已经风干了的烤鹅。

从此，再没人自讨没趣了。清官周新"冷面寒铁"的名声也就不胫而走了。

却说朝中有个锦衣卫指挥使名叫纪纲，是永乐皇帝朱棣的宠臣，一次，他派一名亲信千户到浙江办事。这个千户从京城出来，仗着有纪纲撑腰，不仅作威作福，而且还大肆收受贿赂。此事被周新得知后，准备将其捉拿法办，不料那人得到线报，逃出了浙江地面。不久以后，周新进京，恰好在河北涿州偶遇这个千户，于是周新立即下令将其逮捕，并押回浙江审理定罪。但不知何故，这个千户居然再次逃脱了！逃脱后，他直奔京城，在纪纲面前告状，说浙江的那个周新如何针对他，连京官都不放在眼里。这个纪纲纵容亲信四处为非作歹，是典型的"没有管好身边人"的案例，他听了亲信的这番话，当即决定为他撑腰，于是就亲自入宫，向永乐皇帝当面告了周新的黑状。一番添油加醋之后，周新成了目无王法、藐视朝廷的狂妄之徒。这个永乐皇帝也差劲，不仅偏听偏信，不辨是非，而且当即就下令逮捕周新。

周新被押解至京，站在殿前面对皇帝时，不仅脸上毫无惧色，还大声为自己辩解，并痛陈纪纲和他手下亲信的罪行。他甚至这样质问高高在上的皇帝："皇上命臣做一方按察使，本就是要臣秉公执法，惩恶扬善的，尤其是要严格约束大小权贵的言行，以利于保国安民。臣始终夙兴夜寐，恪尽职守，从未有丝毫懈怠，更不会因人情脸面而徇私枉法，每年平冤狱、定民心，断清的案子不计其数，可为什么就换不回天子对臣的信任呢？"周新当着朝廷众多大臣的面痛陈朝政的诸多积弊，让皇帝的脸面很是挂不住，他心想，周新这个家伙也太耿直了些，当着众多朝臣的面，让朕如此下不来台，真真可恨！惹恼了皇帝那还了得，于是在盛怒之下，永乐皇帝就下令将周新处死了。

在死囚牢里，刚正的周新仍然毫不畏惧，直到临刑前，他仍高呼："生作直臣，死作直鬼！"

永乐十年（1412），无愧天地却生不逢时的周新慷慨赴死。

周新的赴死，激起了朝中正直的文武百官和地方百姓的不满，尤其是浙江的百姓，更是群情激愤。种种风声传到永乐皇帝那儿，他开始还不以为然，但后来发现为周新叫屈的百姓越来越多，特别是周新曾任职的那几个省份，甚至逐渐扩展到了全国。毕竟是悠悠众口，周新之死让皇帝成了百姓眼中的昏君。为控制舆情的蔓延，皇帝夜不能寐，突然灵机一动，计上心来。

第二天一早，永乐皇帝在退朝之前，像扯闲篇一样，说起了他头天晚上做的一个梦。他说："这周新一死，朕还怪想他的呢。昨晚，刚好就梦到他了，他告诉朕，他在冥界已被重用，做了浙江城隍，他还说，他要继续为朕惩治奸贪，这可真是朕的一位忠直之臣哪！"说完，他还假惺惺地抬起衣袖，假装抹了几下并不存在的眼泪。殿中的一众朝臣面面相觑，不知这皇帝唱的是哪一出，有个识眼色的大臣赶忙接住皇帝的话头说："周新周大人能出任城隍，还是圣上您给他的机会呢。"在场的众多官员纷纷点头附和。

吴山城隍庙

皇帝见事情有转机，当即下令，准许浙江百姓为周新立祠塑像，对他进行祭祀。于是，这场冤杀周新的风波才算平息了下来。

消息传到浙江，杭州百姓们纷纷捐资，在吴山顶上的城隍庙旧址上，建起了一座规模庞大的城隍庙，还在从山脚到城隍庙的沿途之上，树起了四座大石牌坊，用以缅怀、歌颂这位廉洁刚正的好官。

城隍是我国民间和道教信奉的守护城池之神，是道教中普遍崇祀的重要神祇之一，俗称"城隍爷"。城隍庙一般都承担着教化百姓的功能，主要是教人积德行善，莫做恶事。而为了让人们更加亲近这位护佑一方的下界之神，庙会便应运而生了。人们在庙会期间除了祭祀，还可以进行商品交易、开展文娱活动，庙会便成为一个深入人心的盛大节日。直到今天，我们日常生活中常用的许多成语、歇后语中，还有不少就是由城隍文化衍生而来。这种信仰有利于净化人们的心灵，对促进社会稳定和谐也有着不可替代的积极意义。

再来说城隍的这个角色定位。最初的城隍是神，后来渐渐从抽象的神转变成具体的对国家、百姓有贡献的功臣及英雄人物的"名人崇拜"。这一转变颇为积极，那些群众基础好、官声清廉、青史留名的功臣、英雄们，被纷纷请上了神坛，成为一方的城隍。杭州就同时拥有两位城隍，即民族英雄文天祥和清廉刚正的周新。而明成祖夜梦周新任城隍的故事，正好发生在明王朝极力推崇城隍文化的过程中。周新这位清官，虽含冤而死，但在他死后获得这种形式的旌表，也算是一种对民心的抚慰。自此，这位看起来面孔漆黑、表情严肃的地方神祇，便得以永远地活在了人们的心中。

在明清两代，城隍崇拜十分兴盛，城隍庙是每一个人口聚居的城市里非常重要的场所，是与当地的行政办公机构——地方官署同等重要的所在。但庙与衙门不一样，没事也可以去溜达溜达，而且更重要的是还有"庙会"这种群众性商业娱乐集会的形式。吴山就有杭州最著名的庙会。

杭州人都喜欢逛吴山庙会，常常是"闻风而去，满载而归"。吴山上庙会名目繁多，可谓四季不断，各有特色。有的是为了辞旧迎新，求得一年好运；有的是赶上各寺庙的菩萨过生日，信众们要去进香祈福。端午、立夏等岁时节日，各行各业休假，大家也正好趁着放假上吴山赶赶庙会。

旧时的吴山庙会，其活动内容除了烧香拜佛这个重头戏之外，娱神戏也是热闹的源头，这种最为大众所接受的文艺形式，在中国城乡各处庙前的戏台上，上演了一年又一年。与唱大戏相对应，还有唱小曲、变戏法、耍杂技、斗鸡等等摊点。此外，基于人们祈福卜卦的需求，算命的、看相的、测字的摊点也遍地开花。有了人气，买卖自然就兴盛起来，卖字画的、卖花的、卖各种风味小吃的小贩们在寺庙四周和上山的沿路两侧摆摊设点，特别是吴山脚下的清河坊一带，更是成就了一大批旺铺。比如在清代末期，胡庆余堂、孔凤春、张允升、方裕和、状元楼等店家的生意就非常好。

有了香火旺盛的庙宇，吴山成了又一处新的城市核心，于是人烟更加稠密，商业店肆也纷纷开门迎客，原本显得有些冷清的吴山渐渐形成了步步楼台、处处寺庙、游人如织的热闹景象。在古代中国城市的发展进程中，这种以庙宇文化带动周边经济发展的模式，还是非常值得注意的。

从南宋建都临安到明、清两代，吴山脚下的清河坊一带渐渐形成了一条药铺长廊。明末清初，这里的医学教育事业也相应地得到了蓬勃发展。据史书记载，那时的吴山医家云集，人才荟萃，堪称盛极一时，并形成了以侣山堂为代表的"钱塘医派"。

清康熙三年（1664）的一个初春，从吴山脚下走来一位风尘仆仆、面貌清癯的年轻人。只见他且行且停，额头不时有豆大的汗珠滴落，但他顾不得擦去汗水，而是向周围的人们打听一个叫"侣山堂"的所在。很快便有一个当地人，将他领到了张氏医馆。

来到张氏医馆门外抬头看去，一面崭新的牌匾映入年轻人的眼帘，上面写的正是"侣山堂"三个大字。此刻，他不禁满脸欣喜的神色。他此番前来，要找的正是这家由张遂辰、张志聪、张锡驹师徒刚刚开办的侣山堂。

年轻人快走几步，进得堂内，谦恭地提出，是来侣山堂拜师学艺的。此时，堂内有个小伙计认出了来人："这不是高郎中吗？您不在自家医馆坐诊，怎么大老远跑来吴山啊？"

来人正是已在本地小有名气的医家高世栻。

高世栻年少家贫，但热爱医学，因此长期坚持自学医书。此番前来，就是听闻"侣山堂"挂牌，前来向名医张志聪拜师学艺的。

张志聪一看是青年才俊来投奔，心中欣喜万分，不仅接纳了这个同行，二人此后更是开启了一段医学传承的师徒佳话。

张志聪（1616—1674），字隐庵，钱塘（今浙江杭州）人，清代著名医家。世业医，师事名医张卿子，建侣山堂，以招弟子讲学，专门讲授医学原理与知识，开创了我国中医教育以书院讲学形式培养医学人才的先河。其间，他撰写了著名的《侣山堂类辨》。晚年，他仍然醉心于学问，著有《伤寒论纲目》九卷。不料，他的最后一本著作《本草崇原》未竟而身已卒。在这种情况下，高世栻捧起了老师的接力棒，继续将其完成，并流传至今。

高世栻，字士宗，大约生于明崇祯十一年（1638）。《清史稿》中记载，他和张志聪一样，都是"久病成良医"。一开始，他拜师的目的就是希望从老师这里学到治愈自己疾病的良方，结果，不仅他的病治好了，而且"历十年，悉窥精奥。遇病必究其本末，处方不流俗"。在著述方面，他将包括老师在内的众多医家对张仲景医学巨著《伤寒论》的体悟注解，汇编为《伤寒论集注》。此外，他又对《内经》加以注解而成《素问直解》一书。

高世栻在师父去世后，不仅续写完成了师父的著作，更为难能可贵的是，他继续坚持侣山堂的办学宗旨，主持讲学事宜，一直延续到清光绪年间。

侣山堂培养了许多的医学人才。侣山堂秉承开门办学的理念，集讲学、研经、医疗于一体，众多师生志同道

侣山堂遗址

合，经过长期的研修，产生了教学相长的效果。从这里学成的医家有很多，除了高世栻，还有莫仲超等人，共约20人，这种"青出于蓝而胜于蓝"的现象对医学的进步极为有利。

也正是在侣山堂最为鼎盛的阶段，"钱塘医派"真正形成，并为世人所称道。"钱塘医派"的名声备受推崇，"武林为医薮，大作推钱塘"的说法，开始被国内中医学界广泛认可。

高世栻到了晚年，仍像他的师父一样，笔耕不辍，著有《医学真传》一书，这是他与弟子探讨医学问题的对话辑录。遗憾的是，由他所著的《灵枢直解》及《金匮集注》诸书均消散于历史风烟当中，今日已难睹其真容。

杭州的医药事业在清代的发展始终为世人所瞩目。晚清的"六大家"胡庆余堂、叶种德堂、方回春堂等都在吴山。其中的行业龙头胡庆余堂更是名声大噪，与北京的同仁堂齐名，被人们称为"江南药王"。

胡庆余堂是一处典型的徽派风格建筑群。由清末"红顶商人"胡雪岩于清同治十三年（1874）创建。难得的是，历经二百余年，这座晚清工商型古建筑群依旧保存完好，整个建筑形制宛如一只仙鹤，栖居于吴山脚下。恢宏的建筑，辉煌的大厅，精湛的雕刻皆令人赞叹不已。

胡庆余堂当然不只是靠这片精美华丽的清代建筑而知名，它在中药制造、经营方面也有许多独到之处。胡庆余堂以宋代皇家药典《太平惠民和济药局方》为基础，收集了各种古方、验方和秘方，并结合临床实践经验，精心调制庆余丸、散、膏、丹、胶、露、油、药酒方四百多种，著有专书《胡庆余堂雪记丸散全集》传世。

至今仍继承祖传验方和传统制药技术，保留了大批的传统名牌产品。胡雪岩故世后，胡庆余堂曾数次易主，但店名仍冠以"胡"字，"胡庆余堂"信誉声名远扬。

现在，胡庆余堂国药号已然成为全国最具历史风貌、最具人文特征、最具观赏价值的中华老字号之一。

吴山上，伴随着伍公庙、城隍庙等寺观内鼎盛的香火，名目繁多的节庆庙会吸引着八方来客，而吴山脚下林立的商铺，则成为历代杭州百姓"逛吃逛吃"的好去处。除了烟火气、市井声，中草药的清香也氤氲了数百年，历代名医世家、名药厂家与山上的诸神相呼应，共同护佑着这一城百姓的安康。所以说，这座亲民的吴山，在提升杭州民众的幸福指数这件事情上，应该称得上是功不可没吧！

第十二章

双峰插云

南北高峰云淡浓，望断归路送故人

——那一席饯行的酒，让一群女诗人的才华得到了尽情挥洒

　　元代至元三十一年（1294），亲历了山河易色、历经了半生坎坷的南宋宫廷琴师汪元量，自北归来六年之后，选择在他的故乡杭州城丰乐桥外安定下来。他为自己修了一座简陋的小楼，自名"湖山隐处"。在这里，他带着对故国的深深眷恋和对昔日患难友人的不尽思念，终日沉湎往事，放逐自我，在无尽的回忆中聊度残生。

　　一个阴雨绵绵的日子，披蓑戴笠的汪元量像平时一样，枯坐于西湖的一叶小舟中垂钓，眼前是熟悉的风景，但周遭却少有相伴的友人。他的目光触及苍翠一如从前的南高峰和北高峰时，猛然间想起了一个故人，当年话别时，她满面含悲吟唱出的一首《长相思》词在他耳畔萦绕不绝：

　　南高峰，北高峰，南北高峰云淡浓，湖山图画中。
　　采芙蓉，赏芙蓉，小小红船西复东，相思无路通。

　　这一刻，汪元量独自怆然而涕下，颤抖的手已经握不稳细细的钓竿。浑浊的泪水模糊了他的视线，而在他脑海中，六年前那个料峭的北方冬日却清晰如昨天。那天，迎着漫天的风雪，他即将独自从燕京返回故园杭州，

闻讯赶来的一众旧友，相约为他饯行，一杯杯的酒与一曲曲的词，汩汩流出，和着点点离别泪，沾湿了每个人的衣襟……

南宋德祐二年（1276），宋廷降元。元世祖诏三宫北迁大都（今北京）。三十五岁的汪元量以宫廷琴师的身份随太皇太后北行，从气候温润的南方到朔风凛冽的北地，他沿途目睹了曾经锦衣玉食的南宋皇家在降元后的悲惨遭遇，此后更是亲身经历了十三载的燕京生活。为了苟活于乱世，他一方面要认真尽职地照顾旧主，另一方面，也不得不屈身事元，需要经常在元世祖忽必烈的酒席筵前演奏助兴。但他的内心无时无刻不在煎熬着，痛苦着，对故国旧地的不尽怀念让他度日如年，食难下咽。在他心底，永远藏着一个南归的梦。所以，他选择坚强地活着，盼着能等到返回故园的那一刻。这期间，为了打消元人对他的顾虑，他还主动出家，披上了道袍。

十三年的忍辱偷生与曲意逢迎，逐渐换来了忽必烈的赏识与尊重，但旧主的离世，让他对燕京再无一丝留恋。一个秋风萧瑟的深秋，踩着满地的落叶，年近五旬、满头华发的汪元量再一次应召入宫演奏。忽必烈照旧高高在上，满面威仪，待汪元量一曲奏罢，忽必烈心情大好，于是这位皇帝带着兴致，问及汪元量想要什么赏赐，阶下的汪元量再一次简短但坚定地回答，我想回家。这样的请求他已经提出过多次，但没有一次得到许可，但那一天，或许是忽必烈的心情不错，或许是他突然涌起了一丝的怜悯，当即同意放汪元量还乡，但又强调，汪元量只能以道士的身份回去。那一刻的汪元量，忙不迭地磕头谢恩，生怕忽必烈改了主意。

汪元量的离开是件大事，这是和他同时被掳去北方的无数南宋旧宫人们共同的梦啊，既然大家没有琴师汪元量这样的好运气，那就让汪元量带着自己的灵魂一同归去吧！

当初冬的第一场雪降临时，汪元量拟定的归期终于到来，在临别时刻的饯行席上，一众旧宫人们纷纷祝福汪元量南行顺利，在杭州有亲朋故旧的还托汪元量代通音信。席上的女子们，大都是十余岁时便被掳了来，十多年来，风云流散，许多女子已客死他乡，还有不少已在当地嫁作人妇，少量的还陪在南宋王室遗留人员的身边服侍。她们清楚地知道，自己是无论如何也等不到回家的那一天了。于是，大家不约而同地提议，依"劝君更尽一杯酒，西出阳关无故人"为韵即兴赋诗，赠予汪元量这个幸运的远归客，借以抒发对故国家园的无比怀念，以及与患难的旧友离别时分的百感交集。

汪元量忆及的"南高峰，北高峰"一阕，正是宫人袁正真那天在席上吟出的一曲《长相思》。

当天的席上，大家把十几年的愁绪都化作诗情，融入了十七首即兴而作的诗词作品当中，大琴师汪元量则在这些他视若姐妹的友人们面前，最后为她们即席伴奏。

当日，众人百感交集，纷纷唱和，还有其他十六首诗词也流传了下来，这里任录其中几首——

> 朔风猎猎割人面，万里归人泪如霰。
> 江南江北路茫茫，粟酒千钟为君劝。[①]

> 春睡起，积雪满燕山。万里长城横玉带，六街灯火已阑珊。人立蓟楼间。　空懊恼，独客此时还。

①〔元〕王清惠
《送水云归吴》

辔压马头金错落，鞍笼驼背锦斓班。肠断唱阳关。[1]

十年牢落醉穹庐，不用归荣驷马车。
他日倘思人在北，音书还寄雁来无。[2]

燕塞雪，片片大如拳。蓟上酒楼喧鼓吹，帝城车
马走骈阗。羁馆独凄然。　　燕塞月，缺了又还圆。
万里妾心愁更苦，十春和泪看婵娟。何日是归年。[3]

怀乡之作可谓多矣，因为叠加了丧国受辱、背井离乡的颠沛，和一腔无处倾诉的悲愤，自然是声声啼血，令人心惊。世间聪慧女子多矣，但这个女诗人群体的创作激情，在那个充满了离乱忧伤的动荡时代得到了最大程度的激发，因此，也注定成为一曲绝响。

汪元量终是负琴南归，同时也带走了那十七首字字泣血的思乡之作。后来，这组诗词被清代著名藏书家鲍廷博以《亡宋旧宫人诗》之名收入汪元量所著的《湖山类稿》的附录中。

今天，当我们翻阅这本薄薄的诗页，再次吟诵那断肠人在天涯的宋旧宫人诗词时，王清惠、章丽贞、吴昭淑、袁正真、金德淑、蒋懿顺、黄静淑、陶明淑、吴淑真……那一长串的女子姓名告诉我们，在宋代，会写诗词的绝不止李清照一位女性。

多年以后，当西湖闲钓的汪元量目睹南北高峰时，再一次想起了那些前尘往事，忍不住以泪蘸墨，赋诗一首，遥寄北方，借以告慰那些此生已不得重逢的旧友与芳魂：

南高峰对北高峰，十里荷花九里松。
烟雨楼台僧占了，西湖风月属吾侬。[4]

①〔元〕金德淑《望江南》
②〔元〕蒋懿顺《送水云归吴》
③〔元〕华清淑《望江南》
④汪元量《西湖旧梦"棹歌"十首之一》

汪元量南归后，还书写下了《醉歌》《越州歌》《湖州歌》等具有强烈纪实性的诗史作品，以独特的视角记录下了宋元更替时期的真实事件，成为补白南宋史书之不足的宝贵的文学作品。

今日的北高峰和南高峰，一如千年之前那般苍翠挺拔，它们隔着西湖，遥相呼应，组成了西湖十景之一的"双峰插云"景观。这两座山峰从高度上看，确实是西湖周边群山的两处制高点。

张岱在《西湖梦寻》中专门提到过北高峰，说它"在灵隐寺后，石磴数百级，曲折三十六湾"。山顶有座灵顺寺，同样是印度高僧慧理在杭州时所建。到了北宋初年，

双峰插云碑亭

因寺内供奉"五显财神",故民间开始称这座灵顺寺为"财神庙"。到了明代,因庙中有座大殿别名"华光",故而人们也称此处为"华光庙"。明代的江南才子徐文长在登山游寺后,留下了"天下第一财神庙"的墨宝,至今刻匾存于寺内。于是,在名人效应的影响下,灵顺寺、华光庙的称呼就让位于这个更响亮的名头了。在民间,每年的农历正月初五和七月二十二的主神是财神,所以来灵顺寺祭祀、上香的人特别多,做生意的、不做生意的,都喜欢来这里,上三炷香,许一个愿。

庙里现存的大殿为明末清初所建,规模宏伟,大殿内供奉佛祖释迦牟尼和藏传密宗黄财神、绿财神、红财神、白财神、黑财神、药师佛、财宝天王以及关圣帝君等各路民间财神。

张岱在书中曾记载,北高峰的半山处另有一座马明王庙,即蚕神庙,蚕农们会在腊月十二那天为蚕花娘娘过生日。到了春天,每当孵蚕蚁、蚕眠、出火、上山、回山、缫丝等重要生产程序时,蚕农们都要对蚕花娘娘顶礼膜拜。可惜此庙今已不存。

相比之下,与北高峰相距十余里的南高峰则低调很多,也低一点,它的海拔为257.2米。山上古木葱茏,怪石嶙峋,旧有一座七级石塔和荣国寺,现均无存。山上的泉水洞穴颇多,有无门洞、天池洞、千人洞、法华泉、钵盂泉、刘公泉等。无门洞洞浅而开敞,形若房舍无门。在由南高峰牌坊南下烟霞岭的途中,又有千人洞,虽已荒草漫漶,不得入内,却是西湖群山中最大的一个洞穴,据说,洞中最宽敞处可容千人同驻。

通过诸多以西湖为主题的古代绘画作品,我们可以得知,两峰峰顶均曾矗有玲珑秀丽的佛塔。而且,两塔的风姿也曾多次在古诗词作品当中现身，比如北宋初年的诗人潘阆就以一首《北高峰塔》诗来盛赞北高峰的美景：

北高峰上塔，竟上最高层。
尝谓人难到，何当我独登。
天香闻不断，海月见微棱。
懒下红尘路，重来恐未能。

南宋著名诗人杨万里也有一首《游西湖》的诗作，生动地描写了两峰上的塔尖在阴雨天气里穿云而出的景象：

南北高峰巧避人，旋生云雾半腰横。
纵然遮得青苍面，玉塔双尖分外明。

关于这两座今已不存的塔，我们从各种史料典籍中可以查询到的资料并不多。

北高峰上的塔被确定为是吴越王钱镠立国初年时所建，为高僧闻喜禅师的肉身塔。北宋至道二年（996），北高峰塔毁于雷火。明洪武十一年（1378）重修。但到了二百多年后的万历年间（1573—1619），仅余三层，到清顺治年间（1644—1661），则彻底倾圮。现在，此塔已旧址难觅。

再说南高峰上的塔，此塔原为七级砖塔，为后晋天福年间（936—944）建，据说塔内藏有高僧舍利，塔中到了夜晚会燃起明灯，为水上的船只指示方向，起着灯塔的作用。同时此塔也供游人登览八方胜景，南望是波涛滚滚的钱塘江，北望则是水平如镜的西湖。到明代时，这座塔也遭雷击被毁，只剩了三级，到今天，只剩了一

烟霞洞

截塔基。

虽然塔不在了，但杭州人早就习惯了"双峰插云"的名字。而且，或许在不久的将来，"玉塔双尖"的景观有望得到恢复。

自然的威力和人为的毁坏容易对砖木建筑造成严重的损害，但那些天然形成的洞穴却不然，它们可以静静地吞吐云雾，见证岁月流转。比如南高峰一带，除了上述所说的各个洞穴，还有一处比较知名的景观——烟霞三洞。

烟霞三洞即烟霞洞、水乐洞、石屋洞。这三个洞均位于南高峰东南麓的烟霞岭，它们都十分宽敞，是天然的避风挡雨处，加之地处密林深处，不易为外人发现，所以旧时兵灾来临时，杭州民众常常来此处避难。

烟霞洞坐北朝南，因其有开凿于五代后晋天福、开运年间（936—946）的造像，被认定为西湖景区内最古老的石洞，这些造像后来在宋、清、民国各有增凿或改凿。烟霞洞洞口高7米，宽3米，深30米，外宽内窄，形如牛角。洞口碑刻"烟霞此地多"5字。洞口两侧有凿于北宋时的观音、势至立像，体态柔美，娴静优雅。洞内，开凿于五代时期的十六罗汉造像则是目前全国发现的最早的石刻十六罗汉造像之一，这些造像在开凿时充分利用了山岩的姿态特点，应势而生，十分自然。洞内现存的罗汉像为十二尊，他们形象生动，神态各异，有的盘膝，有的冥想，有的横眉怒目，有的慈眉善目，有的作伏虎状，有的作降龙状。能工巧匠们运用简洁明快的线条，把佛经里那些罗汉的动作、性格都栩栩如生地表现了出来，让人看了如闻其声，如见其人。这些技艺精湛的石雕珍品与慈云岭造像和天龙寺造像一样，同属飞来峰造像群，被列入国家级文物保护行列。

水乐洞位于烟霞岭下，因有泉水自洞内流出而得名，当流势急湍时，与岩石撞成飞沫，似水雾腾起，并有淙淙水声如乐器吹奏之声。苏东坡在《水乐洞小记》中写道："泉流岩中，皆天然宫商。"洞前原有水乐寺，今已不存。

石屋洞位于石屋岭下，此处洞中有洞，洞洞相连，主洞最高处约5.6米，深约7.8米，宽约10米，洞形宽敞，轩朗如屋，故名。洞后有一穴，上宽下窄，状如浮螺，曰"沧海浮螺"。洞壁雕刻有500余尊小罗汉，中央凿有释迦佛、诸菩萨像，其中最古老的也是五代后晋天福年间的作品。

烟霞三洞位于新西湖十景"满陇桂雨"景区内，每年秋天桂花飘香的时节，当微风拂过时，会有阵阵桂花

满陇桂雨

雨落下，满目皆是诗情画意，令人沉醉忘归。

　　南北高峰与烟霞三洞自然天成，环境清幽，它们共同构成了西湖西南一带远近高低皆有可观的独特景致，可谓俯仰之间，遍地沧桑。如果从史书中细细寻觅，除了满目的诗情画意，除了精湛的石刻遗存，关于它们的故事其实还有很多，有待我们不断去探索和发现。

第十三章

踏遍青山

游遍钱塘湖上山，归来文字带芳鲜
——细数那些曾在西湖周边群山流连的古代生活家

游遍钱塘湖上山，归来文字带芳鲜。

赢僮瘦马从吾饮，陋巷何人似子贤。

公业有田常乏食，广文好客竟无毡。

东归不趁花时节，开尽春风谁与妍。①

　　这首诗题中的"郑户曹"本名郑仅，是彭城（今江苏徐州）人。北宋熙宁十年（1077）四月，苏轼任徐州知州，在那里，他很快就结识了当地的青年才俊郑仅。郑仅比苏轼小十岁，刚刚中了进士，正在等待朝廷的任用。他们二人非常投缘，来往比较密切，苏轼曾写过不少的诗题赠郑仅。那一年，郑仅刚刚从杭州游历归来，又得到朝廷的任命，即将赴大名府（今北京市）任司户参军之职，于是他在家中设宴款待苏轼等好友。席上，照例有诗词唱和这一固定节目，主人郑仅因刚刚从杭州回来，故而吟了一首称赞杭州山水的作品。杭州是他三年前刚刚离开的旧地，苏轼一听，心中泛起了对杭州的无限怀念，于是他就在这首酬唱之作中，以一种非常俏皮的方式既赞美了主人郑仅的诗，同时也赞美了杭州的风光。我们把头两句翻译成白话就是：郑贤弟呀，你刚刚从杭州游历归来，听说你把钱塘湖周边的那些群山都游了个遍，怪不得今天你的这首诗写得如此漂亮，我看啊，是那儿的秀美风光给你带来了新鲜的灵感，激发了你的诗情，我细细一品，好像在你的诗作里闻到了杭州城那种独特的"鲜美"味道呢。诗作的之后四句，苏轼以数位前贤名家作比，盛赞郑仅热情好客，最后两句，又送上了美好的祝福。可惜那天主人郑仅创作的诗作已无法考证，要不我们倒是也想品一品，他笔下的杭州有多么"芳鲜"。那晚，苏轼在郑府酒宴上的这一番表现着实亮眼。不过，像苏轼这样自带偶像光芒的座上宾，走到哪里不都是要照亮周遭一大片的吗？

大师就是大师，只是那么随口一句，就能跨越千年流传至今。那么，还有哪些人在"游遍钱塘湖上山"之后，留下了芳鲜的文字记载呢？历代名家题咏之作可谓众矣，在此无法一一列举，不过关于杭州的三本百科全书式作品，还是非常有必要了解一下的。

田汝成和他的《西湖游览志》

仁者乐山，喜欢用脚步丈量生活，在山野间寻找生活意趣的，自古以来就不乏其人。而杭州似乎是一座专为热爱生活、热爱户外运动的人而生的城市，因此，关于杭州的种种游玩攻略便也应运而生了。这其中，我们首推的，当属明代田汝成所著的《西湖游览志》。

田汝成（1503—1557），字叔禾，钱塘人。明嘉靖五年（1526）进士。他学识渊博，史称"工古文，尤善叙述"，且著述良多。他曾在西南地区任职多年，留意当地事务，谙晓先朝遗事，所著《炎徼纪闻》《龙凭记略》详细记载了西南边地各族的风土人情和生活习俗，"据所见闻而记之，固与讲学迂儒贸贸而谈兵事者，迥乎殊矣"。

田汝成的宦途其实并不是一帆风顺的，人过中年，他就早早卸官，回到了故乡杭州。虽在多年的仕途中走遍南北，但田汝成心中的最爱还是故乡杭州，于是他在饱览湖光山色的同时，开始有意研究和搜集关于西湖的人文典故与民间传说，并以自己扎实的文字功底整理成书。这无疑是一项浩大的工程，既需要行万里路，也需要翻万卷书。经过一番认真的搜集整理加工，田汝成终于撰写出了《西湖游览志》二十四卷，其中第一卷为"西湖总叙"，接下来分东西南北记述湖山胜迹，最后一卷则记载了钱塘江的相关胜迹。对于每一处山川古迹，他都详细地叙述其兴废沿革，并广泛搜集历代诗人的题咏。与此同时，他还和儿子田艺蘅合著，把与杭州有关的掌故逸事，按帝王都会、偏安佚豫、才情雅致、委巷丛谈等十三个篇章分类，创作了二十六卷本的《西湖游览志余》。

两部书稿于明嘉靖二十六年（1547）第一次公开刊行，此后，每隔三五十年便会由官方出面重新修订，到了清代，还被收入了《四库全书》。三百五十年间，两书先后有七个版本问世。虽说这是两部志书，但它们的文学色彩颇为浓厚，因此，被业内人士评价为地方志与文学作品结合得天衣无缝的典范，同时，它们也被看作是我国最早的旅游文化类书籍。

《四库全书总目提要》评述道："是书（《西湖游览志》）虽以游览为名，多记湖山之胜，实则关于宋史者为多。……因名胜而附以事迹，鸿纤巨细，一一兼该，非惟可广见闻，并可以考文献，其体在地志杂史之间。与明人游记徒以觞咏登临，流连光景者不侔。"宋元以来记载杭州地理名胜、社会风俗的作品不少，如《咸淳临安志》《都城纪胜》《武林旧事》等，但都侧重于记载史实。而田氏的这两部书，保存了许多正史没有的史料，我们可以从中得窥从南宋到明朝中叶杭州的政治、经济、社会及文化风貌，因此，这两部书也就成了研究杭州地方史最为重要的文献。

墙里开花墙外也香，这两部皇皇巨著很快流传到了海外，实现了国际版权输出，特别是在我们的东邻日本，更是一时洛阳纸贵。在 16、17 世纪的日本，中国文化一直很热，研究西湖风景园林、石拱桥、亭台楼阁等中国传统建筑工艺的人不在少数。这时，田汝成编写的《西湖游览志》恰好传播到了日本。西湖山水诗情画意的动人美景更加直观地呈现在了日本人民面前。他们通过这本图文并茂的《西湖游览志》得到感染和启发，于是借鉴和模仿西湖题名景观的造园艺术，及建造石拱桥、亭台楼阁等独特建筑工艺技术，开始仿造西湖景观及相关名胜古迹，这在当时的日本堪称风靡一时。比如日本广岛市现有一处缩景园，完全是仿照杭州景观打造的小西湖，岩国市又有锦带桥，仿的则是杭州西湖白堤上的锦带桥。

《西湖游览志》是日本人民学习西湖文化的教科书。某种意义上说，明代文人田汝成就是他们学习西湖文化

开尽春风谁与妍

最好的启蒙老师。因此，在杭州西湖文化发展的历史上，田汝成的这两部作品，对于传承西湖文化，传播中国山水文化，以及促进中外文化交流，都功不可没。

高濂和他的《四时幽赏录》

明代还有一位精致的生活家，为我们总结出了超实用超全面的杭州游玩攻略，他就是明代戏剧家高濂。

高濂，字深甫，号瑞南，浙江钱塘（今浙江杭州）人，明代戏曲作家。约生于嘉靖初年，生活于万历年前后，曾在北京任鸿胪寺官，后隐居西湖。他能诗文，兼通医理，擅养生，撰《遵生八笺》十九卷。他爱好广泛，藏书、赏画、论字、侍香、度曲等情趣多样。此外，高濂还有《牡丹花谱》《兰谱》传世。

田汝成的《西湖游览志》是传统的依地域进行编排的书籍，此后众多书籍也多沿袭此例。但高濂却能别开生面，匠心独具，以杭州的四季为序，用简短的文字创作出了《四时幽赏录》，读来别有一番情趣。全书由四十八篇短小隽永的小品文组成，抒写了作者在杭州生活多年总结出的四季趣味与赏景后的感悟，是作者独特的审美与高超的语言艺术相结合的华章。而且，这四十八件风雅之事，桩桩件件都是在家门口就能看得到的风景，读来叫人心向往之。例如，高濂在《保俶塔看晓》一篇中写道：

山翠绕湖，容态百逞，独春朝最佳。或雾截山腰，或霞横树杪，或淡烟隐隐，摇荡晴晖，或峦气浮浮，掩映曙色。峰含旭日，明媚高张；风散溪云，林皋爽朗。更见遥岑迥抹柔蓝，远岫忽生湿翠，变幻天呈，顷刻万状。奈此景时值酣梦，恐市门未易知也。

短短的文字已将春日的晨光里宝石山的风姿十分生动地描绘了出来，即使没有亲眼见过的读者，也可凭借这些文字想象得出那时那地的绝美景致。

高濂才华横溢，尤以戏剧方面的成就为人瞩目，今有传奇剧本《玉簪记》传世，更有《遵生八笺》这样一部养生学集大成的著作，因此，精致而隽永的《四时幽赏录》反而称不上是他的代表作。《四时幽赏录》问世后，由于篇幅较短，就被作者分为四个部分附录于《遵生八笺》这本养生书当中。不久之后，《遵生八笺》传入日本，一位非常热爱中国文化的日本人野间三竹，发现了它独特的美学价值，特意请了当时著名的书画家共同打造出了一个《四时幽赏录》手绘单行本。此书的配图线条简练优美，韵味悠长，行楷书法行云流水，布局讲究，于是原本只是高濂顺手整理的一个附录形式的文字，在野间三竹的精心策划下，成了颇富情致的旅行指南，并

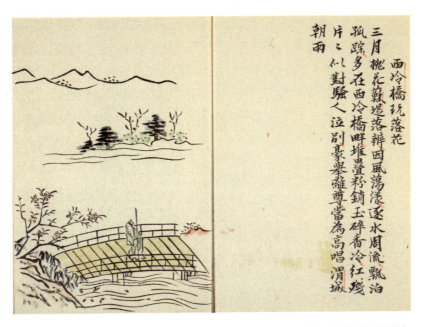

［日］野间三竹手绘《四时幽赏录》（局部）

在日本风靡一时。这显然又是一个文化输出加图书策划的成功案例。今天，当我们手捧这本有图有文的《四时幽赏录》时，是否会想到，这已经是文化输出后的回流成果了。像这样跨越国度的文化合作案例，恐怕在国际化程度如此之高的今天也不多见吧。

四百年后的今天，当杭州成为享誉世界的文化旅游名城时，高濂的审美依旧被当代的读者所认可，一衣带水的日本友人们，也依然会千里迢迢来杭州按图索骥。高濂在雅趣天成的文字中所推荐的幽赏活动，依然是现在众多的中外文艺青年来杭州时争相打卡的旅游项目。

张岱和他的《西湖梦寻》

继田汝成、高濂二人之后，我们要介绍的又一位名家张岱也是明朝人，这显然不是一种巧合。有人曾说"玩儿也是要学习的"。经过千年的文化积淀，走过了《诗经》《离骚》，也走过了唐诗宋词，一代代文艺青年在中式审美的熏陶中成长。而到了明代特别是晚明时期，中产阶层对于日常的生活情趣有了更加丰富的追求。于是，他们将日常生活中的种种都纳入了审美范畴，同时也负载着文学历史与社会的深沉感。他们着眼细微、洞见真趣，而且审美始终在线，于是我们得以在这些清静古雅的文字里，遇见一个又一个岁月深处的精致而有趣的灵魂。

张岱（1597—1689？），一名维城，字宗子，又字石公，号陶庵，晚年号六休居士，浙江山阴（今浙江绍兴）人，明清之际史学家、文学家。著有《陶庵梦忆》《西湖梦寻》《石匮书》等。

张岱在这三人中是出生最晚的一人，也是际遇最悲凉的一位。他一生的经历与《红楼梦》中的男一号贾宝玉非常相似，他厌恶仕途经济，却又喜欢一切美好的东西，他性情天然率真，活得自在洒脱，行事不免乖张。这一切都相似得令人不由得会联想到，《红楼梦》在创作之初是不是也参考了张岱的生平事迹？

明亡之后，张岱由一个钟鸣鼎食的富贵子弟，迅速沦落得一贫如洗，只能隐居山中，独自追怀他走过的那些荒唐岁月。多年以后，张岱年老，但当他面对饱经战乱、满目凄凉的西湖时，还是情难自已，以一种典型的遗民心态创作出了带着他鲜明个人烙印的《西湖梦寻》。在《西湖梦寻》中，张岱运用了引用、缩写、扩写和并写等多种方式，对田汝成的《西湖游览志》进行了借鉴，也在写作范式和体例上参考了其他相关作品，但这本《西湖梦寻》除了具备游记散文的外壳，还独具史料和艺术价值。由于作者在创作时的心境特殊，因此笔下文字的审美价值也变得更加真切而难能可贵。他在该书的自序中这样写道：

> 余生不辰，阔别西湖二十八载，然西湖无日不入吾梦中，而梦中之西湖，未尝一日别余也。前甲午、丁酉，两至西湖，如涌金门商氏之楼外楼，祁氏之偶居，钱氏、余氏之别墅，及余家之寄园，一带湖庄，仅存瓦砾。则是余梦中所有者，反为西湖所无。及至断桥一望，凡昔日之弱柳夭桃、歌楼舞榭，如洪水淹没，百不存一矣。余乃急急走避，谓余为西湖而来，今所见若此，反不若保我梦中之西湖，尚得完全无恙也。

被这种复杂而伤感的心情催生出的文字，自然具有一种因国破家亡的大悲恸而产生的别样的真切情意。

踏遍青山人已老，往事欲语却还休。一代代的文人

西湖风光

墨客为西湖的山川增添了无数的丰富底蕴，也让我们今天信步的游走，多了几许访古寻幽的意趣。杭州就是这样一座独特的城市，想要登高揽胜，寻幽探秘是再方便不过的事情。西湖一带的群山或妩媚，或挺拔，或古树参天，或怪石嶙峋，或曲径通幽，或花木扶疏，或野趣天成，或亭台俨然。更难得的是这些各具情态的山，环着西湖这一泓碧波宛转铺开，没有高不可攀的孤绝之态，也没有道阻且长的坎坷之途，让人不由得想去亲近。事实上，杭州人的确喜欢在闲暇时间或结伴，或独行，来一次说走就走的健步行，而且山山相连，步步有景，经典的徒步路线更是被资深的驴友如数家珍。往事悠悠，青山无语，但那些美好的文字为这些青山做了足够丰富而生动的注解，让我们的每一段行程都成了一次充满惊喜的发现之旅、人文之旅。

今天，当我们沿着那些长长短短、起伏连绵、曲折蜿蜒的小径欣赏美景的时候，极有可能与前贤古人的足印重合。不知在那个时刻，是否会与千百年前也曾驻足于此的那个有趣的灵魂产生出一种美妙的心灵共振？

第十四章

醉饮湖上

花满苏堤酒满壶，画船日日醉西湖
——四时的湖上风光牵住了多少才子佳人的心魂

水光潋滟晴方好，山色空蒙雨亦奇。

欲把西湖比西子，淡妆浓抹总相宜。①

苏轼以一首《饮湖上初晴后雨》，将西湖在晴天和雨中的美都写到了极致，但其实那次尽兴的湖上饮游，他创作了两首同题诗。

朝曦迎客艳重冈，晚雨留人入醉乡。

此意自佳君不会，一杯当属水仙王。②

下面让我们把顺序调整过来，还原一下当天的情形。

那天一早，杭州通判苏轼迎来了一位远客。在朝霞满天的美好晨光中，苏轼热情地出门相迎，并邀请客人泛舟西湖，二人一边欣赏湖光山色，一边畅聊，当然美酒佳肴也不可少。四五月里，杭州的天气实在多变，白天还是晴空万里，傍晚时分却有骤雨突至，可惜客人酒量较浅，午后就已醉卧于船舱之中，此刻正伴着雨声沉沉地酣眠于一侧。美景在斯，诗文得盛，一向海量的苏轼此刻诗兴大发，为这变幻莫测的湖上风光心生赞叹，但他也为客人没能看到眼前这雨中的西湖而感到遗憾。

①〔宋〕苏轼《饮湖上初晴后雨二首·其二》
②〔宋〕苏轼《饮湖上初晴后雨二首·其一》

于是他又联想到，可能只有孤山脚下那座寺庙里供奉着的西湖守护神"水仙王"，与自己一样，真正领略到了西湖的晴姿雨态。于是他即兴创作了这两首绝句，一方面是作为日记记录下了自己一天的经历，另一方面，则是要把这西湖晴雨皆宜的美，以一种文字的形式介绍给这个同样喜欢西湖的客人。

这应该是个幸运的客人吧，虽酩酊于梦乡，但醒来后有如此精妙绝伦的文字做补偿，可能比自己亲自看一次景都更加令人惊喜吧！

对于西湖美景，激赏之人不在少数，且看明代著名散文家袁宏道的记录：

> 西湖最盛，为春为月。一日之盛，为朝烟，为夕岚。今岁春雪甚盛，梅花为寒所勒，与杏桃相次开发，尤为奇观。
>
> ……
>
> 然杭人游湖，止午、未、申三时。其实湖光染翠之工，山岚设色之妙，皆在朝日始出，夕舂未下，始极其浓媚。月景尤不可言，花态柳情，山容水意，别是一种趣味。此乐留与山僧游客受用，安可为俗士道哉？①

这是袁宏道在明神宗万历二十五年（1597）辞去知县，首次漫游西湖时写的一篇游记。文章表现了作者独特的审美观，他认为西湖之美在春月、在朝烟、在夕岚，而以月夜为最。这又是一个深深地懂得西湖的人。

这位荆楚文人在青年时期曾在江南诸城生活过几年。

①〔明〕袁宏道《晚游六桥待月记》

春到小瀛洲

他遍游东南名胜，徜徉于杭州、绍兴、桐庐的佳山秀水间，与友人陶望龄、潘景升等诗酒酬唱，携手共游。兴之所至，袁宏道先后写下了多篇游记佳篇。特别是他在来杭州之前，还宣称要"目极世间之色，耳极世间之声，身极世间之鲜，口极世间之谭……"，在那个可以肆意挥洒的青春年华里，袁宏道与杭州度过了一段激情燃烧的岁月。

袁宏道在《雨后游六桥记》一文中，详细记录了他在一场春雨过后的西湖之遇。

清明的一阵春雨过后，袁宏道望着窗外正在凋落的片片残红，突然想，应该趁着这个时节与桃花作个别。于是他急匆匆地邀请了三五好友，乘上小船，朝着一株杨柳一株桃的六吊桥驶去。在第三桥的桥下，只见苏堤上的落花已积有寸余，这个时候的游人很少，突然前面来了一个骑马的白衣男子，在阳光的折射下，纷飞的桃花雨让那人的白衣变得鲜艳异常，大家看了纷纷效仿，把外套脱掉，只剩里面的白色衬衣。后来，他们划船累了，就上了岸躺在地上喝起酒来，喝酒玩什么游戏好呢？不知谁想到一个好主意——他们都仰面躺下，让落花飘落于脸上，谁脸上的花瓣最多，谁就可以饮一杯，而接到花瓣少的人，则要给大家唱一首歌。这个游戏应景，也有趣，一群人着实热闹了一番。后来，来了一艘卖茶的小艇，他们于是呼唤那人过来，大家各自饮了一杯之后，便重新荡起双桨一路放歌，尽兴而返。

这篇文章里的人是如此快乐、自由，春日里的山光水色、桃红柳绿让人怡然自得，整个身心也得到了一次彻底的放松与解放。这样快乐自在的青春做伴之游，真是可遇而不可求啊！

而月下的西湖，在清代著名翻译家林纾眼中又是另外一种优雅的情态：

月上吴山，雾霭溟朦，截然划湖之半。幽火明灭相间，约丈许者六七处，画船也。洞箫于中流发声，声细微，受风若咽，而凄悄哀怨，湖山触之，仿佛若中秋气。雾消，月中湖水纯碧。舟沿白堤止焉，余登锦带桥，霞轩乃吹箫背月而行，入柳荫中。堤柳蓊郁为黑影，柳断处，乃见月。霞轩着白袷衫，立月中，凉蝉触箫，警而群噪，夜景澄澈，画船经堤下者，咸止而听，有歌而和者。诒孙顾余："此赤壁之续也。"①

这又是一次尽兴的出游，白天有炎炎夏日，偶尔还有雷阵雨来捣乱，那不如就换个时间段出门吧！于是这群爱玩的人选择趁月出游，用一曲箫声与明月唱和，而

①〔清〕林纾《湖心泛月记》

181

擦身而过的游人，也被那箫声所吸引，情不自禁地在一轮明月下伴着箫声加入了合唱。这次湖心泛月，他们直到天明方回，如此的玩兴大发，恐怕现代的人都达不到吧。

清末还有一人也对夜色中的西湖情有独钟，他便是曾在诂经精舍掌教三十余年的国学大师俞樾。在前文中，我们曾讲到诂经精舍，它曾是浙江著名的书院，地处孤山之阳，正面对着西湖，于是俞樾便经常倚栏观赏西湖的四时风景，也留下了许多脍炙人口的篇章。

俞樾最钟情的景观莫过于月夜泛舟湖上，每当皓月当空，微风拂面，湖面上波光粼粼，时有点点渔火闪动，月下的西湖，透出白日里没有的清丽婉约。俞樾曾在一首《瑶华》词中这样写道：

> 风清月白，如此良宵，算人生能几。扁舟一叶，云水外，摇过湖心亭子。橹声轧轧，把鸥鹭，联翩惊起。隔暮烟、回望红窗，认得读书灯是。　　天边何处琼楼，叹一落红尘，光景弹指。今宵明月，应笑我、换了鬓青眉翠。嫦娥休妒，让我辈、人间游戏。倚绮窗、共玩冰轮，约略前生犹记。

关于西湖之美，历代前人不断体悟总结，于是杭州人渐渐有了"晴西湖不如雨西湖，雨西湖不如夜西湖，夜西湖不如雪西湖"的共识。那如果在夜色中静赏雪中西湖，又该是怎样的一番绝美景致呢？

如果说湖心亭是西湖的点睛之笔，那么张岱的《湖心亭看雪》，毫无疑问，当是注解西湖魅力的点睛之篇。让我们且看这位明代文人是如何将公元 1632 年冬天杭州的那一场大雪，写到极致的——

西湖风光

崇祯五年十二月，余住西湖。大雪三日，湖中人鸟声俱绝。是日更定矣，余拏一小舟，拥毳衣炉火，独往湖心亭看雪。雾凇沆砀，天与云与山与水，上下一白。湖上影子，惟长堤一痕、湖心亭一点、与余舟一芥，舟中人两三粒而已。

到亭上，有两人铺毡对坐，一童子烧酒炉正沸。见余，大喜曰："湖中焉得更有此人！"拉余同饮。余强饮三大白而别。问其姓氏，是金陵人，客此。及下船，舟子喃喃曰："莫说相公痴，更有痴似相公者！"

这篇《湖心亭看雪》选自张岱所著的《陶庵梦忆》，堪称古今描写西湖最漂亮的文章之一——三日的大雪令西湖一带人声鸟声俱绝，空阔的雪景使天地间呈现出一派肃杀。但"冬者岁之余也，夜者日之余也，雨者月之余也"，作者选择在这样的时候去赏雪，大概就是在追求这种他所说的"董遇三余"吧。只有像张岱这样真正懂得西湖性情的人，才能更加全面而深切地体会西湖的韵味。而在那场雪后的湖心亭上，偶遇的金陵客，仿若只是为了证明张岱素日里的寂寞，那三杯温热的酒，该有何等抚慰人心的力量，直教张岱怀想了几十年。

张岱出生于一个显贵的书香门第，他自小便聪慧过人，兴趣爱好广泛，但对于仕途经济并不热心，成日里四处访友问道、游山玩水，偶尔闲在家里，也是和戏班子里的伶人们研究编创新剧目。怎奈生逢乱世，兵荒马乱中，他只能东躲西藏，无所适从。终于，"年五十遭国变"，他家道自此中落，偏偏他的儿子又遭恶人绑票。可以说在短短的几年时间里，他遍尝人世的离乱悲苦，家中粮断炊绝，难以为继，挚友殉节而死的噩耗又接踵而至。这种种变故让这个曾经的"富三岱"不再欢乐无忧，更无法像从前一样任性妄为，他开始披发入山隐居，沉湎于对往事的追忆而不能自拔。不过，他并未一直消沉下去，而是"杜门谢朋好，著书等身"，张岱用发愤著书的方式，来缅怀他的那些荒唐而热闹的青春岁月。而故国风烟也最易令人神伤，于是就在这种哀伤的情绪中，张岱写下了大量的佳作。比如这篇被选进中学语文课本的《湖心亭看雪》就是他的代表作之一。

晚明时期，士大夫们都将出门看景当成一件高雅的事情来做，像张岱这样，善于从大自然中发现别样景致的还大有人在。例如，比他早出生20多年的另一个杭州人高濂，也极为喜欢冬天的西湖。

那是一个冷到极致的江南严冬，正逢大寒节气，一大早起来，高濂见昨日砚中残墨已成冰，想到前几日路过西湖时，湖面水浅处已有薄冰，而经昨夜的一场朔风，应已水泽腹坚。于是他决定乘兴出门，去湖上见证一下几年才能得一见的冰西湖奇观。他马上唤来最喜爱的童子，携了一应器物即刻出发。

西湖美景

　　当主仆二人跳上小船后，天光已大亮，这是个难得的大晴天。放眼望去，湖面上不再是波光微漾，也不再有舟船点点，天地间一片寂然无声，西湖犹如一面巨大的铜镜，映出了四周起伏的群山，好一个难得一见的冰西湖！

　　只见童子熟练地在船头处俯下身去，用一把铁锤朝湖面上一下又一下用力地砸了起来，但见湖上初结的冰层应声裂开，有时能一下子裂出一道长长的闪电般的缝隙，有时遇到稍厚一些的冰面，则碎冰四溅，一朵朵如玉的冰花便次第绽开。主仆二人一路敲冰开道，操舟而行，船行处，浮冰如浪，涌动在小船两侧，回望刚刚船过之处，则犹如有一条银蛇蜿蜒于湖面。

　　"相公，咱的船还往前行吗？"此时贪玩的童子，头上已微微冒汗，但他还在兴高采烈地敲击着船舷外的浮冰。高濂在船中半躺着，并没有回答童子的询问，而是继续"扣舷长歌，把酒豪举"，只觉得眼前景致与"阳春白雪"般的音韵合二为一，他已深深地陶醉于其间，甚至早已"忘却冰湖雪岸之为寒也"。

这段兴之所至而趣味盎然的冰西湖赏玩故事被高濂记录在了他的《四时幽赏录》中，题为"湖冻初晴远泛"，被后人列为冬日里的第一桩幽赏乐事。

感谢无数的文人墨客，是他们发现了杭州之美，发现了西湖之美，并用文字记录下了那些令人惊艳的四季风光与人生况味，让今天的人们，可以乘着文学的翅膀，在山光水色间来一场有声有色的自在悠游。而今天的你我他，也将继续循着前人的足迹，在这湖山之间诗意地行走，去发现，去记录……

参考文献

1.〔汉〕司马迁：《史记》，中华书局，2013年。

2.〔宋〕周密：《武林旧事》，浙江古籍出版社，2011年。

3.〔宋〕吴自牧：《梦粱录》，国家图书馆出版社，2014年。

4.〔明〕田汝成：《西湖游览志》，上海古籍出版社，2017年。

5.〔明〕田汝成：《西湖游览志余》，上海古籍出版社，2018年。

6.〔明〕张岱：《张岱著作集：陶庵梦忆　西湖梦寻》，浙江古籍出版社，2018年。

7.〔明〕高濂：《四时幽赏录》，浙江古籍出版社，2018年。

8.〔明〕周清原：《西湖二集》，浙江古籍出版社，1999年。

9.〔清〕吴任臣：《十国春秋》，中华书局，2010年。

10.朱金城：《白居易年谱》，上海古籍出版社，1982年。

11.孔凡礼：《苏轼年谱》，中华书局，1998年。

12.汪圣铎：《宋史全文》，中华书局，2016年。

13.赵尔巽等：《清史稿》，中华书局，2020年。

14.叶临之：《性灵山月——袁宏道传》，作家出版社，2018年。

15.马晓坤：《清季淳儒——俞樾传》，浙江人民出版社，2006年。

16.吴文：《杭州西湖风景名胜区的历史沿革与发展研究1949—2004》，硕士学位论文，清华大学建筑学院，

2004 年。

17.沈衣食：《王安石〈登飞来峰〉诗小考》，《杭州师范学院学报》1989 年第 2 期。